因音求字

卷一 / 卷二

（清）谢思泽 著

后学 周熊子常
　　 周绍文习之
　　 周继恩仲波 同刊
　　 夏弼直臣

孙 谢国彝寿田
　 谢国猷松崖 校对

中共永嘉县委党史研究室 编

中国文史出版社

目 录

再版序言

◎潘悟云

　　温州图书馆编撰了《温州方言文献集成》，其中收录谢思泽的《因音求字》，该书是清末的温州地区字书，收字很广，音韵分析清楚，是温州方言词典编撰的最重要参考资料，具有很高的学术价值。

　　首先，此书的价值是土话的读音。谢思泽是永嘉人，据张如元说，蓬溪有他的大宅院，当地称他为"文波相"。他孙子说，他四十岁后，半住乡下（蓬溪），半住城里（温州）。谢思泽不仅记录永嘉蓬溪的读音（书中注明"敝处"），还记录城区读音（注明"瓯城"）和官音，以及温州各地不同口音（如注明"四十七八等都"），这些记录非常详细准确。比如"骇"字，《广韵》匣母的温州读音应该折合为 ha4。谢思泽记录的读音却与"眼"同音，读 ŋa。瑞安一位老先生李天民，古文、音韵水平非常高，跟池志澂读过书。池是浙派的大书法家，戊戌变法的瑞安代表人物，每年祭孔都由他诵读祭文，可见其文学功底。李天民得从师传，瑞安的读音应该是可信的，李天民"骇"的读音也同眼。谢思泽与李天民一在永嘉，一在瑞安，都有相同的读音，可见正是温州地区的传统读音。郑张尚芳《温州方言志》对骇记有三读 ha、ŋa、ɦa。

　　其次，此书的价值是本字考订。从《因音求字》看，谢的本字考定还是比较准确的，温州地区方言词典的本字考证可以从此书得到重要的印证。书中"嬭：乳也，瓯人谓女曰～"。乳房的本字谢认为是嬭字，这是正确的，《广韵》奴蟹切，"楚人呼母"，温州的乳房、母亲，音义完全相同，很多汉藏语中乳房和母亲的语素相同。谢还认为嬭就是女字，《集韵》奴解切"楚人谓女曰女"，很多汉语方言中女读麻韵或佳韵。女是上古鱼部，有些字的三等介音后来不出现，成了麻韵，许多南方方言中麻佳合流，所以，温州话的女与嬭也都读泥母佳韵上声。

　　但是，有许多本字还应该从现代语言学的高度加以深度的考证。此书"脖：

匹工切，肿也。誑：馒头~"。它们在许多方言中也都有相同的音义，实际上只是同一个语素，用了不同的方言字：《字汇》作誑，《集韵》作膣，《广雅》作脟，《睡虎地简》作臘，其本字应该就是"封"字，其中的一个语义为隆高，与温州 poŋ 音义完全符合。

除此以外，温州图书馆的王昉已经输入孟国美（P.H.S. Montgomery）的《温州方言入门》（Introduction to the W ê nchow Dialect）。孟国美用苏慧廉（W.E. Soothill）的罗马字拼音方案全面记录了清末的温州话。上面两本书合在一起，就有可能做成温州早期的方言词典，从此，温州方言的研究将会有系统性的突破性的进展。

再版导言

　　谢思泽的《因音求字》是一部以清末永嘉方音为标准音而编撰的字书，是音韵学和方言学研究的重要文献。

　　谢思泽（1836-1909），字邦崇，号文波，永嘉蓬溪人。《因音求字》书成于光绪初，1914年初版。本书记录永嘉楠溪音兼及温州城区音韵，分列三十六韵，韵内依二十三声母排列同音字。他还著有《四声正误》和《瓯音求字》。《四声正误》将温州方言中俗、误读字用直音或反切注明与传统韵书的差异，而《瓯音求字》将温州音作了韵图式的音韵分析。

　　《温州方言文献集成》（第一辑）收录《因音求字》二卷本和四卷本，于2013年由浙江人民出版社影印出版。《因音求字》二卷本是谢氏后人谢庆潮收藏的民国六年务本局石印本，而四卷本由谢思泽的曾侄孙谢用卿增编，郑张尚芳收藏的民国十六年朱公茂石印本。

　　永嘉县地方志研究室希望再版本书。编者以为，是否再版印刷本书并不很重要，重要的是得有人整理研究。尤其在电脑和互联网时代，古籍和地方文献数字化是很重要的一步，影印和扫描PDF版本也都能保存古籍原貌。因此先决定将扫描版进行机器识别，转换成数字化文本，并进行认真校对。

　　编者征求潘悟云教授的意见，他非常重视本书再版，同时很快地联系温州图书馆，取得馆藏扫描件。他还联系书同文（www.unihan.com.cn）进行机器识别，并将其收录古籍数据库。由于该字书采用竖排双行格式，识别难度很大，第一卷在机器识别基础上手工校对，第二卷纯手工输入。高远和周晓娟同学也参与文本输入和校对工作，在此表示感谢。

　　复旦大学人文社科数据研究所的潘晓声将文本制作成数据库，方便检索和进一步研究。

再版凡例

关于格式

本书录入，采用现代横排标点样本。用［］标识声母编号。每字后冒号：标识。用括号（）表示该字所属的韵部，原书在每字后面标注。原书的短竖，在横排中容易跟"一"混淆，改用波浪线～。如下：

［二十］官韵平声（寒）安：平～。剜：削也。鞍：马～。（文）温：～暖。氲：氤～。（先）渊：潭也。《说文》：冎。（寒、元）智：～井，无水井。瘟：瘟疫，又作瘟。（元）冤：～家，鹓：～班。鸳：～鸯。（元、文）缊：细～，又音蕴。（元）宛：草覆也，上声。怨：愁～，又去声。蜿：～蜒。煴：煴～。

纸质版本如不采用标点，可用空格、字体或格式区别，字体大小、加黑、加粗、下划线等区分。

繁体竖排可完全复制原书格式。

本书录入，采用现代横排标点样本。用［］标识声母编号。每个字头用冒号：标识。用括号（）表示该字所属的《广韵》韵部。括号加冒号（）：也表示字头，包括民间俗读、误读等，本来不属于该类读音，只是方便查字，列在这个位置。原书里表示字头的圆括号和表示韵部的圆括号大小和位置不同。原书的短竖，在横排中容易跟"一"混淆，改用波浪线～。

异体字

《因音求字》中的异体字，"某旁之字皆作某"，如"并旁之字皆作竝"，这些字往往是《说文》小篆的楷化，或偏旁、部首楷化并作类推，类似于类推简体字，本书有大量这类异体字，有些统一码做了编码，有些没有。另一种情况，作者并不说明，而是直接在释义中列出异体字或者用异体字组词，如傍：偧倚～。这些异体字，有些没有出现在其他字书中，也不能找到统一码编码，电子版文本就用表意文字描述字符（Ideographic Description Character，IDC）表示。表意文字描述字符是统一码 3.0 版对汉字所做的一种支援。统一码定义了十二种组合字符：⿰⿱⿲⿳⿴⿵⿶⿷⿸⿹⿺⿻。比如：块：【⿰土夬】塵埃。"央旁字作夬"，同样声旁的还有"快、眏、鞅"等字，这些其实是"央"字的《说文》小篆楷化，原稿有《说文》小篆，当时石印出版时，编者认为用处不大，就删除了，但是并不完全彻底，有些保留了楷化，看起来像异体字。"夬"字也写作"岍"，浙江省一些山地有以岇为名的，如罗岇、丁字岇，意思是两山之间为中央。有些异体字，在小篆楷化时，组字部件不规范或者非常复杂，不容易用 IDC 描述，那么在本书再版中删去。印刷版采用复制《汉典》用字或者电脑造字。

编者还注意到，有一类很特别的异体字是现代汉语中使用的"简化字"。《因音求字》里同时存在"繁体"和"简体"两种字型，最明显的是"声"和"聲"，作声类标题时采用"聲"字，每个字下注明又读声调采用"声"字。还比如"气"是"氣"的古字，"气"像天上云气形，而"氣"的造字本义为发放或领取粮食，从米，气声。后假借"氣"代表"气"的字义，"气"弃之不用，又加"食"旁再造一"餼"字。汉字简化时重新启用"气"字。"气"和"氣"同时出现在"鷄"韵去声第二母"氣：血气（未）"。繁体、简体、异体字，同时出现的，尊重原书，不做归并。另外，"俗"、"便"等标识的字都采用原书的字型。

CJKV 汉字和方言用字

汉语、日语、韩语、越南语用字在统一码中简称为 CJKV，本书有些字，注明"字典無"，表示当时规范汉语并不使用，但是这些字能够在日语、韩语、越南语（喃字）用字中找到。比如"【▢口易】：駱駝鳴声（點）"。这个字亦见日本江户时代的《徒杠字彙》（1860 卷 6）。"箪：桌~，字典無。"越南的喃字读 giầu。"有冇：字書無此字，俗以穀實謂之~。"这字只在南方方言中出现，比如客家话和闽语，闽语读 diàn，意为实心。

疑似刻版印刷错误

一、原书"钧韵平声［十六］棒：捣也。""棒"应该作"捣"，疑是印刷错误。这类字做了相应校正。"光韵上声［廿一］礽：宗~，《说文》縶（庚）。"原书"礽"音义都不符，应该写作"祊"。

二、"姜韵平声"，原书缺［十九］。［十八］"香蘠"两个字，与其他字的声母不同，可能出现排版错误，"垟"字开始应该归［十九］。

三、卷一"巾韵去声"（第十页）没有出现"巾"字，"巾"字归"金韵平聲"（十一页）。"惊韵"也没有列去声，只有上声。但仔细检查这些字，从"［十一］病"开始，到第十一页的"［廿三］令"，有些字应该读去声，去声和上声字混在了一起，再版中做了修正。原书除了"惊韵"去声字混入上声，［五］到［十］的去声字也缺失，比如端组"订"字全书只有一次出现在释文里："锭：本去声，音订。"帮组"柄"字也只出现在释文里。有可能原稿本来就没有收录这两组字，或者编辑出版的时候缺页或者遗失造成的。

［廿三］搂：探取（尤）。（镂）音漏又音卢。此二字俗读作此音，在

二十三母之外。

　　[廿三] 音之外，尚有纽转之纽，又有搂耳之搂，雕镂之镂，无所属。

　　[廿三] 音尚有丁铃之铃，无所属。

　　这些字似乎应该单列，增加四个清鼻边音声母。这些鼻边音声母在苏慧廉的温州罗马字中用短音符号 m̆、n̆、n͡g、l̆ 表示。

永嘉谢思泽先生编纂

因音求字

瑞安郑德馨署
民国六年夏
务本局石印

王毓英序

　　天地间无物不有音以形诸外，即无音不有字以寓于中，雷霆也，钟鼓也，鹤唳与风声也，山鸣而谷应也。以及蚊虻之过耳、纸鳖之协韵皆音也，皆可译以成文也，况于人之音乎？夫言为心声，发于口则为音、为韵。音有南北之异，即有正俗之分，清浊、重轻、平上去入，于是乎在考扬子《方言》十有三卷，《方言》始于古辅轩之遗，周秦之季失其传，至汉扬雄构而缀之。晋郭璞复为之解，以畅明其旨，一时江淮、齐楚、秦越及关东西、南北之间，言人人殊，要其意旨，罔有不协，是古之方言，即今之所谓土腔也。古人制其通音之法，文有子母，字有经纬，其所以俾七音一呼而聚，四声不召而来，何恃乎？亦恃乎翻切之妙用耳。《七音略》中所谓字书主于母，必母权子而行，然后能别形中之声。韵书主于子，必子权母而行，然后能别声中之形。后世字音之学不讲，则辨音者既稀，斯识字者益鲜也。今幸得之文波谢先辈焉。戊子春，谢先辈不远千里送子若侄肄业虎林，余始识荆于紫阳院舍，与坐谈移时，知其博学多能，又善内行务公益。越数载，后著书《东瓯杂俎》。各种撰述宏多，前章安孙蘖田学士恒器重之，又赠以寿言，独其《因音求字》一书未及梓而修文去也。自戊子迄今，历有三十年矣，其间时局变迁，人生代谢，不能无身世之感。向遇先辈于武林者，今遇其孙松崖于温郡艺所。松崖将以乃祖遗书付之剞劂，商序于余，余虽不学无文，未敢妄赞一辞。第时值上下数十年间，犹得见其父子祖孙渊源家学，数典不忘，文字因缘由来者，渐余何辞乎？兹读其所著三卷，以三十二音切字之法，删其音之重复者，得二十三音，以为二十三母，分为三十七韵，就中衷集同音之字，以齿牙唇舌调而叶之，编成卷帙，后之学者，本土腔以寻字，复依韵以检查，无不得者，求字之法尽在于是。使由是而进推之，将教育可以普及，即人人可以识字，岂第吾瓯之被其教乎？况由粗以及精，由浅以入深，虽天地间，鸟语虫声并山川草木之音，无不如前之雷霆钟鼓之可译也，区区小儿女记账云乎哉！

民国六年三月永嘉王毓英撰

徐庆恩序

　　天地之始，未有文字而众籁缘之以起，虫吟鸟语、涛鸣谷响，循声以寻之则得其端绪。况人之于语言，随口发音，自然成文乎？共用为勇，称自狼曋；咨亲为询，释于叔豹。有是音即莫不有是字，籁之为用神矣哉！后世文字出而著作益夥，于是有训诂之学，于是有音韵之学，一若先有字而后有音者，孰知其一而二，二而一哉？顾亭林、段懋堂、戴东原、江慎修诸先生于六书音韵之学，言之綦详。顾以之解经释义则有余，求其适用于社会、取便于家庭则不足，执是以求，缺憾斯多。蓬溪谢文波先生有鉴于此，爰著《因音求字》一书，以为儿女辈记账之用。书凡三卷，其法以三十二切音之法，删其重复者，得二十三音以为二十三母，纲举目张，取材斯备，调唇协舌，音读较易，自不至如天读为汀，明读为茫，古音今音之相柄凿也。至若四声误读，必加注以正其伪，官俗分腔，复互绎以从其类。既便检查，实资日用，又不至如《枫窗小牍》，谓《册府元龟》皆目所常见，无罕觏异闻之诮也。书成已久，今其孙松崖出其稿而校正之，将付剞劂而商序于余，余于音韵之学鲜所考究，何足以序先生之书，但余与先生故有姻谊，且素以此道相琢磨者，而松崖又为余之侄孙女婿也，乌得辞！取稿读之，未终一卷，即已涣然、怡然，叹为善本。由是而推之，则社会上多一识字之书，岂第便于儿女记账已哉！先生所著书尚多，《四声正误》《反切法》皆已刊而行于世也。其待梓者，有《东瓯杂俎》《草药谱》《空谷传音》等书，于此见先生之邃于学也。

　　是为序。

民国六年　在丁巳五月徐庆恩序

《因音求字》例言

　　因音求字者，余缘小儿女识字不多，应用为艰，纵有《杂字俗字编》《通俗文》等书可读，亦未能月日记忆，爰作是书，分上中下三卷，以便查览。其法以三十二音切字之诀，删其音之重复者，得二十三音以为二十三母，又以空谷传声之法，以宫商角徵羽五音为纲，以公宫等九韵乡音类宫者属宫，以庚觥等八韵乡音类商者属商，以哥姑等八韵乡音类角者属角，赀鸡等四韵、居归等四韵乡音类徵羽者厕于徵羽以为目，又梧模儿三韵乡音闭口呼、声从鼻出者，五音无所属、且每韵止一母，另为余韵，此合五音而六矣。统共三十七韵，每韵分平上去入四声，每声廿三母。如有声无字者，其母之下以〇代之，间有官腔或城区及各处之腔有而敝处土腔无者，以其字代之，亦必圈出加注，惟公韵官腔弄饭之弄、巾[金丁切]韵丁铃[镂青切]之铃、金韵囵圆之囵、鸠韵雕镂之镂、阉[鸠丢切]韵五六工尺之六、哥韵囉囉声之囉、戈韵官腔摹着之摹、官韵镤脚筋之镤、高韵眼眊僾之眊、鸡韵眼冒僾之冒、又瓯腔个里之里、骄韵官腔猫儿之猫、土腔了滞之了、兼韵研究之研、归韵姆儿之姆，实难牵而为一，欲于二十三音之外另加一母，则其字多与公巾等韵相同，且无关于需要，故从阙。初学者学此，先教以二十三音，不过数日，即可脱口而出，记账时因土腔以求字，依韵查检，无有不得。未始非不多读书而即能记账者之捷径也。至欲学翻切与空谷传声，亦可于此求之，另立法于后。

　　一诸字皆用本地常读土音。《等韵》有云：乡谈岂仅分南北，每郡相邻便不同。愚谓才易乡村即不同也。然有土腔所无而官腔有者，如从字官音陈红反、阉字官音鸠周反、惊字官音金丁反之类，皆土腔所无，间用之者必注官音二小字于下。又波、铺、婆、么等字，敝地土腔在戈韵，瓯城在居韵；超、萧等字敝地在骄韵，四十七八等都在迦韵者双收之，亦注明某郡某处等字样，以便小儿女查检。俗腔平上去入读误者，随笔注出，或有音虽近似，与字典反切之母不同者，间有注出，有不注出，缘世俗相沿已久，姑从俗以便查检。

一官腔有诸字同音而土腔有各字各音者，如公宫弓恭四字，官音皆读沽红切，土腔读公字同，读宫弓二字为居穷切，读恭字为居双切。又有土腔同音而官腔不同者，如光交刚江等字，土腔皆读为光音而官腔读光如关，读纲如皆，读交如骄，读江如姜，若此之类，指不胜屈。不特此也，即就永嘉一县而论，城中余雨二字读与敝地同，一至湖乡与三十三四五六七八等都读余为胡、读雨为祸，读鸡为急（平声），读举为嘴，尤不可更仆数。又如一郡而论，永瑞读瑞为树，乐平读瑞为萃，永乐读心为新，瑞安读心为声，永嘉读云为庸，乐瑞读云为形，读君为金，或乐瑞近官腔而永嘉俗，或永嘉近官腔而乐瑞俗者尤夥。此集只就本地俗腔而设，虽与各处有异同，亦所不计。

一韵中止数母有音有字，其余并音而亦无者，如赏韵止有十三母至十七母，前十二母后六母俱无音无字。梅膺祚《正韵》直图谓前十二母无音无字，后十八至三十二母有音无字，非。

一直图以公空颎峣四字喉音为一二三四，即横图之见溪群疑也。直图之东通同农舌音为五六七八，即横图之端透定泥也。其说已具反切法中。

一《唐韵》与《集韵》《正韵》不协者，为古今之音不同，即以《广韵》《集韵》《韵会》而论，亦有相矛盾者，如踝字，胡瓦切，胡字《等韵》是匣母，宜音下而音跨。跨字苦化切，苦字而溪母，不惟韵母不协，即上去亦不同。又如襻字巨患切，音趱。缠字求患切，亦音趱。至趱字巨班切，又巨员切，俱平声而无去声，平去亦不同。如此之类不可枚举。

一此集每字下止注一说，取世俗常言易知，不嫌鄙俚者，为小儿女记事起见，故经史子集中典故概不录入，容当改译官音，再详音义，以期普及。

一每韵多或数十字，少则一二字，一时思索不得，虽平素所习用者，亦猝尔难思，未免有挂一漏万之讥，阅者谅之。

一每字之中如平声无、仄声有者，以仄声之字代之，下注仄声二小字。如仄声无、平声有者，亦如之。如平仄俱无者，或注反切在下。

一有一字数音，于每母之下俱载之，以便查检。惟经史古赋中音异而义同者，概不复载，为无关俗用也。有俗音读误，如冶字音已、帛字音白、谣字音浅、辅字音府，皆上声而读作去。譬字音屁、欵字音看、篡字音寸，皆去声而读作上，亦必两收之。惟于误处加圈，下注音某或某声二小字，易于查检。

一瓯人方言，外地人每恨一时难解，故此集兼注方言，如额字下注额曰额骷头，眉字下注眉曰眼眉毛，目曰眼睛子，鼻曰鼻头，口曰嘴，唇曰嘴唇，耳曰耳䏊之类。凡注内用曰字，或云俗腔者，皆东瓯之方言也。

一注末有圈之字皆是韵，如（东）是东韵，如（冬）是冬韵。

一大口中无字而下有注者，因方言有音无字以口代之。

一注中有字，笔画与本字不同者，是《说文》字，如东［倲南］。冬［秋夃］，童［儿童］，此样者是。

国猷按：原本后附有反切法，并《空谷传声》，因《反切法》已刊板行世，《空谷传声》以无关世用，兹从阙。

国猷按：《说文》字于满清末叶政治维新后即鲜所用，且抄写艰难，易致错讹，姑删之以清眉目。

引 言

先大父听香居士，隐居种学，聚书累数万卷，无不精心研究。著有《东瓯杂俎》《草药谱》《因音求字》《四声正误》《反切法》，共四十有一卷，类皆兢兢于实用。惟《因音求字》一书，成之最晚而用心亦最切。曩尝语国猷曰：国朝字典非不周且详也，然知其音而不知其字者，往往于广博涣漫之中无从稽获，此《因音求字》之所以便人不鲜也。惜限于乡音，势难通行遐迩。吾老矣！神昏力罢，不克重事。官音以蕲普及，中怀耿耿，无日而忘，未悉汝能善体祖志，以完其事否？国猷幼不自揆，目瞠瞠虽无以应，而心慨然承之。孰知大父倏焉以逝，而国猷累于家政，学与时违，区区宿愿，历十余寒暑莫得而达，不肖不孝。大父有知，应咨嗟痛恨于无穷。然国猷未尝一日忘情也。癸丑秋，国猷归自金陵，知县事吴兴姚公［菊人］、教育主任瑞安郭公［筱梅］，因公过楠溪主于家，得见孙学士渠田先生大父六秩寿言，知大父著述颇繁，请将《因音求字》检阅，且勖以付梓。国猷感愧交集，为之不决者久之，既而曰：天下事有作必有述，有起必有继，大父是编是否可以问世，国猷不知。然属稿甫就，即见许于名流。钞本流传，几遍溪山，而浸淫都市，已于此足觇人世之实用于是书不无小补，倘公布之日，海内巨儒茂学，热心济世者，或者推而广之，编绎官音亦未可知。《传》曰：人之好善，谁不如我？陆祁孙氏曰：君子之于学也，期与一世共明之，而非以为名也。非以为名，则自为之，与他人为之，无以异也。果尔，国猷之于是书，当急而襮之，借他山之助，以竟大父之志，而慰其在天之灵。且国猷不孝之罪，亦藉此而稍杀焉。何为乎迁延莫决为？于是略加雠校以付手民，而叙其拳拳之怀，以俟后之贤者，至于词之工拙，姑所不计云。

中华民国三年三月几望孙男国猷敬序于近云山舍之听香斋

卷一

永嘉谢思泽先生编纂

后学　周熊子常　　　　同刊
　　　周绍文习之
　　　周继恩仲波
　　　夏弼直臣

孙　谢国彝寿田　校对
　　谢国猷松崖

【宫音九韵】

公钧惊［金丁切］金跟昆鸠勾阄［鸠丢切］

公韵

平声

［一］公：~正，祖父之同辈皆曰~（东）。功：~劳（东）。工：~夫（东）。攻：~城（东）。蚣：蜈~（东）。缸：本音红。

［二］空：~虚，又去声（东）。倥：~侗无知。悾：~~而不信。

［三］頄：面上也。□：雷响曰~~声。

［四］崆：崆~，山峻。

［五］东：東，~南，東（东）。冬：秋~（冬）。蝀：螮~（东）。涷：夏雨（东）。鼕：鼓声，音同。

［六］通：相~（东）。侗：无知，又音同（东）。恫：痛也（东）。

［七］同：相~（东）。仝：同上，便。铜：铜钱（东）。童：儿~。凡童旁《说文》皆作童（东）。僮：家~（东）。犝：~牛（东）。穜：~稑（东）。筒：竹~（东）。桐：梧~（东）。鲖：鱮~（东）。衕：衚~，巷也（东）。艟：艨~，船也（东）。憧：~~，意不定也（冬）。彤：赤也（冬）。戙：系船栈（东）。罿：鱼网（东）。瞳：目中神（东）。潼：梓~（东）。峒：崆~山（东）。筩：同筒（东）。曈：~曨，日明。□：~儱，卷也。痌：~瘝。

［八］农：農，~夫。农旁之字皆作農（冬）。脓：~血（冬）。侬：我也，俗作醲，音误（冬）。

［九］䭭：饼弓切，馋，贪食也。□：~背。□：斗口，曰打~。

［十］胮：匹工切，肿也。䡫：馒头~，同上。鼟：鼓声。

［十一］蓬：~莱（东）。篷：船~（东）。芃、籓：同上。朋：~友（蒸）。鹏：~鸟（蒸）。鬅：鬔同，发~（蒸）。芃：~~，草盛。逢：鼓声（东），又音缝（冬）

又音旁，又姓（东）。姗：射垛，又坝也，又去（蒸）。鬅：发～乱（东）。棚：考～，晒～，俗作彭音（蒸）。硼：～砂。塳：～尘（东）。逢：同上。

[十二]蒙：鞔也，又～童（东）。濛：水名，又细雨（东）。蠓：蠛～，小蝇，平上二声。矇：目盲（东）。懞：愚厚也，又上声。瞢：目～，平去入三声。朦：～胧（东）。蝱：蟊～（尤）。芒：麦芒（阳）。冡：同蒙，与冢异（东）。艨：艋～，又上声（东）。梦：《云梦诗》视天～～，又去声。

[十三]宗：～庙（冬）。淙：水流（江）（冬）。鬃：猪～毛（东）。椶：同棕，～榈。棕：同椶，便。蓯：细枝（东）。嵕：九～山（东）。猣：五～（东）。緵：八十缕（东）。总：緫，素丝五～，又上声（东）。稯：～～何为者，纷纷也（东）。翪：三～，汤伐三～（东）。纵：直也，～横，又音种（冬）。踪：～迹（冬）。琮：美玉（冬）。悰：心也（冬）。鬉：同鬃。（笀）：音虫，俗作宗，音误。

[十四]聪：～明（东）。囱：烟～。葱：～韭（东）。匆：～～（东）。璁：玉珑～（东）。篵：不韧曰～处。稄：～担，以两头削尖之竹为扁挑曰～担。

[十五]从：從，官音重红切。

[十六]松：～柏（冬）。鬆：松，～坚，物价不昂曰～（冬）。嵩：～山（东）。崧：同上，山高大（东）。菘：白菜（东）。淞：吴～，地名（冬）。春：音笋。

[十七]崇：高也（东）。崈：同上。丛：～杂（东）。茸：鹿～，草～（冬）。戎：兵也，戎旁之字皆作戎（东）。绒：织～绒：红～（东）。狨：如猴（东）。莼：～菜（真）。尊：同上。苁：草多（东）。纖：合纱曰～。（淳）咸丰圣讳。錞：～子，音纯。沃：～，音队（真）。纯：～粹，又音屯准缁（真）。

[十八]烘：烘火，共旁之字皆作共（东）。薨：死也（蒸）。吽：～，梵咒，又去声。

[十九]红：～白（东）。洪：～大（东）。宏：同上（庚）。（弘）：同上，乾隆庙讳。鸿：鸿雁（东）。虹：～霓（东）。谼：～～声（东）（江）。黉：～门（庚）。闳：～敞（庚）。荭：水草（东）。翃：飞声（庚）。矼：大壑，俗作工，音误（东）。

[二十]翁：～姑，老人称（东）。螉：蠮～（东）。鎓：耡头～，本音芎，俗音在此母。

[廿一]风：風，～雨（东）。封：～锁（冬）。丰：豐，～年（东）。疯：～疾，～颠。沣：～水（东）。蜂：蜜蠭（冬）。葑：～菲（冬）。丰：～采（冬）。峰：山～（冬）。锋：～镝（冬）。枫：～树（东）。鄷：～镐（东）。烽：～火，兵火也（冬）。

[廿二]缝：裁～，又去声（冬）。逢：相～（冬）。冯：相承，又姓，又

音平（东）。

[廿三]笼：灯~，又上声（东），从龍之字皆作龙。珑：玲~（东）。聋：
~耳（东）。窿：穷~，天也，又山名（东）。胧：朦~（东）。咙：喉曰喉~（东）。
巃：山谷（东）。礲：~砻（东）。栊：帘~，疏窗也（东）。癃：尿不出也（东）。
龙：官腔作珑。砻：磨~，又去声（送）。

上声

[一]顑：皮末屟也（按：《玉篇》：生皮也。）。赣：~州，去声。戆：去声。

[二]孔：~子（董）。倥：窍也，榖道曰裤臀~。空：钻~，又平去（董）。

[三]颂：上声（按：《玉篇》：又顶颡也）。□：击声。

[四]岘：上声。

[五]董：董事（董）。懂：憧~，凡从重之字皆作叠（董）。

[六]统：~领，诗韵止收去，字典有上声。

[七]动：~静（董）。桶：盂~（董）。蛹：蚕~（肿）。洞：~~，敬也，
又去声（董）。恫：推引也（董）。

[八]巃：多也，平上二声。

[九]琫：刃上饰也（董）。□：响声。

[十]捧：手~（肿）。

[十一]㛶：饭~。塳：~尘，诗韵止收平声。菶：草盛（董）。

[十二]憧：~懂（董）。蠓：蠛~，又平声（董）。幪：帲~，又平声（董）。

[十三]总：總，~督（董）。傯：倥~，事烦也（董）。鬃：~角（董）。
偬：~恫，不得意（董）。

[十四]襡：禅衣也。傯：倥~，又去声（董）。

[十五]（重）：柱永切，官腔作此音。

[十六]送：上声。

[十七]搝：推也。茸：聚生，又平声（肿）。

[十八]鬨：閧，~唱声，又音红去。唝：呼孔切，啰~曲（董）。哄：骗也，
本去声。

[十九]汞：水银（董）。湏：大水（董）。

[二十]瓮：缸也，同甕，又去声。䐺：臭气曰~气。蓊：~郁（董）。滃：
大水（董）。

[廿一]唪：嗶，大笑（董）。葓：草盛也（董）。覂：反覆，又同泛，~

驾之马。

[廿二]奉：~上，奉旁之字皆作奉（种）。

[廿三]儱：合~。笼：书~之~，上声（董）。陇：~西，作去声误（肿）。拢：船~埠（董）。垄：麦~（肿）。襩：~裤。襱：同上。

去声

[一]贡：进~（送）。赣：~州（勘）（送）。𥈙：盖也，又上声（送）。溄：水名（送）。戆：憨也。

[二]控：~告，纵~（送）。空：人家财不敷用曰亏~，又平（送）。鞚：马勒（送）。（啌）：与腔同，俗作穴，~字用误。

[三]頵：去声，具贡切。□：咽声。

[四]峣：去，遇贡切。

[五]栋：~梁（送）。冻：~冰（送）。涷：暴雨，又平声（送）。腖：肉~，胶~。

[六]痛：疼~（送）。统：垂~，一~，又上声（送）。

[七]洞：~彻，又上（送）。恫：~失声也（送）。恫：心~（送）。絧：直驰（送）。衕：街巷也，又平声。（硐）：本平上二声，俗作去声，误。

[八]㑔：~弱，又音儒㮰二音。㑔：同上。㑔：同上。

[九]绷：去声。□：以石击坚处还击曰~转。

[十]胖：~起（绛）。碰：~着。掽：音彭去声。

[十一]橦：树~。橦：同上。埫：填也（径）。楘：字典无，俗以此为树橦之橦，误。

[十二]梦：㿇㾮，去声，又云~，平（送）。梦：同上，便。曹：~~（送）。霿：昏~（送）。懞：㑔~，平上去三声（送）。霂：~雾（宋）。懞：不明也（径）。

[十三]糭：角黍曰~（送）。粽：同上，便。综：错~（宋）。瘲：瘲，~，病（宋）。淙：~~，又平声（绛）。

[十四]傯：倥~，又上声（送）。

[十五]□：垂运切。

[十六]送：迎逆（送）。宋：~国公（宋）。凇：吴~，平去二声（送）。

[十七]（葺）：去声。

[十八]蕻：菜~（送）。哄：~骗（送）。

[十九]閧：闹也（绛）（送）。

[二十]瓮：甕，大缸（送）。瓮：同上。齆：~气。齆：语鼻声者曰~鼻。

［廿一］讽：~谏（送）。赗：祭礼（送）。俸：~禄（送）。葑：~菲，平去二声（宋）。封：封典，平去二声（宋）。

［廿二］凤：~皇（送）。缝：线~，又平（宋）。璺：碗裂~也（问）。

［廿三］弄：~璋（送）。哢：鸟~（送）。䃃：磨~；又平声（送）。垄：~断，平上二声，非去。

入声无字

钧韵

平声

［一］钧：~，三十斤（真）。扃：闭也（青）。躳：躬，身也，官音似公（东）。弓：~箭（东）。君：~王（文）。宫：~室（东）。军：军，~马，官音似金。均：~匀（真）。絟：綗，急引（青）。麇：鹿属（真）（文）。䠊：脚~，音中。

［二］芎：~劳（东）。穹：~窿（东）。銎：耒头~，俗腔似翁（冬）。（涒）：音吞。

［三］穷：~通（东）。劳：芎~（东）。帬：裳也。裙裠：同上，裳之绸呢者曰~，布者曰布襺。群：~，众也（文）。蛩：蛩虫也（冬）。蛬：秋虫，蟋蟀也（冬）。嬛：好也、独也，又音欢（庚）。婞：无兄弟，同上（庚）。煢：同上。茕：同上。

［四］浓：浓淡（冬）。侬：音农，农旁之字皆作農。秾：穠，花艳也，多也（冬）。醲：酒醲厚也（冬）。（顒）：大也、仰也，嘉庆庙讳（冬）。喁：~~（冬）。

［五］至［十二］此八母同公韵。

［十三］中：~外（东）。忠：~孝（东）。衷：降~之~，平声（东）。𫄧：脚冻裂曰脚~。螽：~斯，蚱蜢也（东）。遵：~依（真）。僎：同上。《礼》，~爵，又上声（真）。谆：譚~（真）。逡：~巡（真）。（鹑）：音旬。终：圥，~始（东）。迍：~邅（真）。屯：~卦，又音团（真）。盅：酒~，杯也（东）。潨：水会也（东）。坰：垧，郊~（青）。駉：骏马（青）。肫：鸡~。隼：飞~，上声。（扃）：闭户（青）。种：音虫。

［十四］充：~足，假货曰~货（东）。冲：~霄（东）。翀：~飞（东）。倾：~侧（庚）。春：菩夏（真）。衝：对~（冬）。椿：樗萱（真）。仲：伝~，

惊惧，忧也（东）。宷：～针。玒：～耳（东）。顷：头不正也，又上声（庚）。

[十五]虫：昆～，同蟲。琼：瓊，～玉（庚）。蟲：～豸（东）。种：姓（东）。邛：临～，县名，俗作宗音，误。爞：旱热（东）。笻：～竹杖（冬）。惸：音穷（无兄弟）。

[十六]荀：姓（真）。询：～问（真）。洵：信也（真）。峋：嶙～（真）。恂：信实，～～君子（真）。珣：玉名（真）。郇：国名（真）。舂：～捣也（冬）。竣：告～，成也（真）。捘：捣也。

[十七]脣：～曰嘴～（真）。唇：同上，俗。旬：十日（真）。巡：～狩（真）。醇：醕，～酒（真）。（湻）：厚，同治庙讳（真）。循：～理（真）。驯：善也（真）。（殉）：～难，去声。（徇）：徇，偏也，平去二声，韵止收去声（震）。錞：乐器（真）。鹑：鶉，鸟名，俗作冲、中音，误（真）。

[十八]兄：～弟，阿哥（庚）。熏：烟裛，～旁之字作裛（文）。薰：～莸（文）。勋：勳，～名（文）。埙：壎，～篪（文）。醺：酒～（文）。獯：～鬻（文）。纁：～帛（文）。曛：日也（文）。焄：香气（文）。

[十九]荣：～华（庚）。莹：晶～（庚）。萦：～回（庚）。茔：坟～。融：～～（东）。庸：中膏（冬）。墉：墙也（冬）。慵：懒也（冬）。佣：雇工（冬）。溁：～洄。嵘：峥～（庚）。云：言也（文）。芸：～窗（同窗字）（文）。沄：～～（文）（元）。耘：耨田（文）。纭：纷～（文）。容：～貌（冬）。蓉：芙～（冬）。镕：～化（冬）。匀：均～（真）。筠：竹～（真）。熊：猩猩曰野㹮（东）。雄：雌～（东）。云：～霞（文）。郧：～阳（文）。邧：同上。镛：～板，钟～（冬）。榕：～树（冬）。澐：水名（文）。箟：～筤，竹名（文）。萤：～曰蝇火（青）。荧：火光细小，～～（青）。溶：～～（冬）。

[二十]雍：～容（冬）。邕：～～（冬）。雝：辟～（冬）。饔：饕，～飧（冬）。痈：痈疽（冬）。壅：塞也，又去入二声（冬）。噰：～～，鸟声（冬）。趭：疾走，走快曰～走。□：细曰～细。□：微尘曰塎～。

[廿一][廿二][廿三]，此三母同公韵

上声

[一]冏：光也（梗）。迥：远也，本户顷切，詠俗读此音，姑从之。炯：光也（迥）。饲：饱也（迥）。巩：～固。煛：俱永切，火也。絅：平声。

[二]絧：布也。恐：官音在此母。褧：禅也（迥）。□：曲也，～儱。

[三]窘：枯～（轸）。菌：～曰蕈（轸）。困：仓～（轸）。箘：竹名，

又平声（轸）。

[四]晕：嚼，大口也。□：物萎曰～。

[五][六][七][八][九][十][十一][十二]，此八母同公韵上声。

[十三]准：不错也，又入声（轸）。准：同上。迥：远也，本音永（迥）。隼：鹰～（轸）。纯：《书》篾席黼～，又音醇钧屯（轸）。

[十四]顷：～刻（梗）。宠：～臣（肿）。蠢：愚～（轸）。倳：偆，富厚也（轸）。惷：扰动也（轸）。

[十五]冗：～员（肿）。楯：栏～（轸）。菌：蕈也，音窘。盾：矛～，音吮。

[十六]笋：竹～，俗。筍：同上（轸）。榫：梁头入柱眼者曰～。

[十七]吮：吮乳（铣）（轸）。噀：同上。盾：矛～，竖尹切，又音允断（轸）。

[十八]芫：与悦同，《前汉》：寝淫敞芫，寂兮无音。

[十九]永：久也（梗）。陨：～落也（轸）。溶：～～，水也，又平声（肿）。殒：死也（轸）。霣：雷雨（轸）。恽：惲，重厚也，又谋议也，无平（吻）。

[二十]允：应～（轸）。壅：～塞（肿）。拥：擁，～挤（肿）。韫：韞，藏也。尹：令～（轸）。狁：猃～（轸）。蕴：积也（吻）。（缊）：诗韵无上声（问），字典无去声（吻）。

[廿一][廿二][廿三]此三母与公韵上声同。

去声

[一]牵：牛鼻綮。綮：丝一綮。

[二]誇：去郡切，多言也。

[三]郡：郡，府也（问）。攈、攟、捃：三字同义也，拾也（问）。

[四]（浓）：去声。

[五][六][七][八][九][十][十一][十二]，此八母与公韵去声同。

[十三]众：衆，～多（送）。中：～式，又平（送）。圳：水～。骏：～马（震）。畯：田官，又上声（震）。俊：～杰。儁：同俊（震）。馂：餕，享～，祭后食也（震）。狻：～猊，音酸。衷：折～之～，去声（送）。谆：～～告诫（震）。

[十四]铳：打～。□：人～去。菶：蒙～，又上声（绛）（宋）。趩：蠢～，本音训愚也，俗语此音。

[十五]仲：伯～（送）。

[十六]舜：舜禹（震）。睿：～哲。濬：～河（震）。峻：～岭（震）。蕣：

蕣花（震）。晙：早也（震）。浚：同濬（震）。

[十七]顺：～逆（震）。润：雨～（震）。徇：～齐，从也，平通（震）。殉：～难（震）。

[十八]训：教～（问）。齆：鼻～。嗅：香仲切，以鼻气，又音臭。趣：薳～，疲行貌，俗腔似铳。

[十九]运：運转（问）。晕：朂，日月～（问）。咏：～诗（敬）。咏：同上。韵：诗～（问）。闰：～月（震）。郓：鄆，鲁莒争～，地名（问）。餫：餫，饷人（问）。员：姓，～半千（问）。泳：游～（敬）。禜：祭，星日月～（敬）。莹：磨～之光（径）。

[二十]蕴：蕴藉（问）。缊：～袍之～，平声（问）。雍：～州（宋）。壅：同雍，又粪田，曰～田（宋）。酝：酒也（问）。韫：藏也，本上声。

[廿一][廿二][廿三]此三母与贡韵同。

入声无字

惊韵

平声

[一]惊：金精切（真）。[二]钦：轻丁切（侵）。[三]勤：琴成切（文）。[四]壬：银亭切（侵）。

[五]丁：壮丁，丁旁者皆作个（青）。钉：铁～（青）。仃：伶～（青）。叮：蜂～。（矴）：船～，去声，俗谓石矴曰矴埠，作平声，误。

[六]厅：～堂（青）。听：聽，耳～（青）。汀：～州（青）。町：畦～，上声。

[七]廷：朝廷。庭：家～，平声，又去声（青）。霆：雷～（青）。蜓：蜻～（青）。筳：纺花～，又待鼎切，韵止收平声（青）。停：～止（青）。瞪：直视也，又去声（庚）。渟：水不流（青）。莛：草也（青）。葶：～苈子（青）。聤：～耳。亭：路～。婷：娉～，美好貌。

[八]囗：能成切。

[九]兵：刀～（庚）。宾：～客（庚）。滨：水～（真）。濒：将也（真）。嫔：～相，妇也，去声误。傧：～敬也，又去声（真）。斌：有文质也（真）。彬：～～（真）。蠙：蚌也，又音平（真）（先）。冰：霜仌（蒸）。豳：～风（真）。并：幷州，又合也。邠：同豳。梹：～榔（庚）。份：同斌。

［十］娉：～婷（青）。傠：侠也（青）。

［十一］平：亐直（庚）。评：～定（庚）。苹：野～，又蒿（庚）。坪：地～（庚）。频：～数，凡从频之字皆作颣（真）。嚬：蹙也（真）。顰：同上（真）。蘋：苹，～藻（真）。萍：浮～，同上（青）。贫：～富（真）。凴：～据（蒸）。凭：同上（蒸）。并：合也，并旁之字《说文》皆作羿。瓶：花～（青）。屏：锦屏（青）。蠙：珠也，又音兵（真）（先）。枰：棋（庚）。軿：～车（青）（先）。冯：～～相视，又马疾（蒸）。胼：音便。

［十二］明：朗白，～日曰门朝（庚）。名：～氏（庚）。铭：～志（青）。盟：盟会（庚）。民：良～（真）。珉：贞～（真）。（旻）：～天，道光庙讳。冥：暗也（青）。溟：海也（青）。螟：～蛉（青）。鸣：鸟～（庚）。闽：～，福建，地名（真）。泯：灭也（真）。蓂：～莢，指佞草（青）。瞑：合目也（青）。瞑：晦日（青）。

［十三］精：精细（庚）。（禛）：雍正庙讳。贞：～节（庚）。桢：～干（庚）。侦：～伺（庚）。蒸：～气（蒸）。烝：～笼（蒸）。正：～月（庚）。钲：锣也（庚）。晶：水～（庚）。征：证也（蒸）。旌：～旗（庚）。鲭：鱼脍，又音青，鱼名（庚）。菁：～莪（庚）。睛：眼～（庚）。徵：征，徂～（庚）。赪：～尾，赤色（庚）。症：癥，～瘕（蒸）。腈：赤肉也。

［十四］青：肯黄（青）。清：水清（庚）。蜻：～蜓（庚）。称：偁，～呼（蒸）。偁：同上（蒸）。蛏：蝏，～子（庚）。鶄：鵁，水鸟（庚）。圊：厕也。

［十五］呈：～进（庚）。程：路～（庚）。鯹：酒～，俗字，字典无。澄：澄清（庚）。澂：同上（蒸）。懲：～戒（蒸）。惩：同上，便。酲：酒醉（庚）。珵：玉名（庚）。裎：裸～，赤体也（庚）。

［十六］声：殸，声音（庚）。升：升降（蒸）。昇：升，日升（蒸）。陞：升，～官。星：曑辰（青）。鯹：鱼鳇，鮏同（青）。腥：血腥气（青）。醒：酒～（青）。胜：勝，不～，又去（蒸）。猩：血～（庚）。柽：檉，西河柳（庚）。惺：颖悟（青）。

［十七］成：成就（庚）。诚：～信（庚）。城：～池（庚）。盛：粢～（庚）。情：性～（庚）。晴：～雨（庚）。姓：有星月曰～。丞：～相（蒸）。承：～接（蒸）。绳：～尺（蒸）。乘：椉，坐也（蒸）。塍：堘，田岸（蒸）。饧：餳，糖（庚）。晟：平去二声，韵收去声。仍：～旧（蒸）。渑：水名（青）。礽：云～，又福也（蒸）。镡：剑鼻（侵）。

［十八］兴：欣丁切。

［十九］盈：寅成切。

［二十］殷：因兵切。

［廿一］□：夫兵切。

［廿二］□：徽明切。

［廿三］林：~木（侵）。淋：~漓（侵）。霖：零雨（侵）。麟：麒麟（真）。麐：同上，又去。邻：鄰舍（真）。磷：磨~，薄也，又去声（真）。燐：~火，又去声（真）。驎：马也，骐~，又去声（真）。潾：水清也（真）。璘：玉光（真）。令：律令，使~，又去声（庚）。玲：~珑（青）。伶：~俐（青）。翎：翎毛（青）。舲：船~（青）。零：霝碎（青）。铃：摇~（青）。聆：听也（青）。泠：清~（青）。龄：齡，岁也（青）。凌：~云（蒸）。绫：绸~（蒸）。菱：~藕，水~（蒸）。灵：靈，神灵（青）。霛：同上。临：到也，又去声（侵）。瓴：瓦沟也（青）。苓：茯~（青）。辚：车声（真）。陵：𡐪，坟也（青）。粦：~~，水生石间（真）。嶙：~峋，山高，又上声（真）。棂：窗~（青）。蠕：与蛉同，螟~（青）。醽：酒也（青）。囹：~圄，狱也（青）。鲮：~鲤，穿山甲（蒸）。辌：~~，车声（蒸）。琳：玉也（侵）。崚：~嶒（蒸）。（遴）：去声。稜：山~，药名，又~角。

［廿三］音尚有丁铃之铃，无所属。

上声

［一］［二］［三］［四］此四母瓯音所无。

［五］顶：头~（迥）。鼎：钟~（迥）。酊：酩~，醉也。靪：娛~，自持也（迥）。

［六］挺：~出（迥）。梃：棒也（迥）。颋：正直（迥）。町：田岸（迥）。侹：直也（迥）。艇：钓~，小船（迥）。脡：脯一蹄也，十~为束（迥）。娗：长好（迥）。珽：玉也（迥）。莛：草茎（迥）。酊：音顶，作此音误。

［七］筳：待鼎切，纺花~，又平声。铤：金银~（迥）。锭：本去生，音订。聤：耳~，本平声。

［八］□：乃静切。

［九］丙：~丁（梗）。炳：~光（梗）。饼：餅，~饵（梗）。秉：~性（梗）。并：竝，合也，又去声偋（梗）。邴：~姓（梗）。禀：~帖（寝）。𠌤：音竝。

［十］品：~题（寝）。偘：俗作侃评之~，本与侃同。骋：驰~，本音寝，俗作此音，误（梗）。

［十一］评：题~，又平声（敬）。凭：倚也，又平声（径）。

［十二］盟：~津，又平声（敬）。瞑：夕也，又平声（径）。

［十三］侦：~伺，又平声（敬）。烝：气上达也（敬）。

［十四］请：朝~，又上声（敬）。清：七政切，夏~（敬）。䮕：青黑色（径）。
（逞）：本上声。

［十五］囗：~头。

［十六］柽：~柳，俗谓之西河柳，平声。

［十七］穽：穿，陷~（敬）。阱：同上。靓：~妆，扮也，又上（敬）。

［十八］夐：远山（敬）。

［十九］酱：酎酒，为命切（敬）。

［二十］［廿一］［廿二］，此三母俱无字。

［廿三］吝：鄙~、~惜（震）。㳷：同上。燐：~火，又平声（震）。恪：
鄙~（震）。怪：同上。蔺：姓（震）。磷：~~薄石（震）。躏：蹂~，践蹈也
（震）。驎：骐~，千里马，又平声（震）。临：哭也，素服哭，又平声。麐：麟，
韵书止收去声，又平（震）。

去声

［十一］病：疾病（敬）。

［十二］命：天~（敬）。

［十三］正：端~（敬）。证：见~（敬）。證：同上（径）。政：~事（敬）。
症：病~。甑：饭~，俗作曾音，误（径）。

［十四］秤：斗~。戥：同上。称：相偁，又平声（径）。请：朝~，又上声（敬）。
清：七政切，夏~（敬）。

［十五］郑：鄭，~国、~重（敬）。剩：賸，有余也（径）。膡：同上（径）。

［十六］姓：~氏（敬）。性：~情（敬）。胜：~负（径）。圣：聖，~贤（敬）。
醒：酒~，又平声（径）。

［十七］盛：茂~（敬）。乘：桒，千~（径）。嵊：~县。净：洁~（敬）。
晟：明也，又平声（敬）。

［十八］詗：朽正切，同探也（敬）。

［十九］酱：酎酒，为命切（敬）。

［二十］［廿一］［廿二］，此三母俱无字。

［廿三］燐：~火，又平声（震）。恪：鄙~（震）。怪：同上。蔺：姓（震）。
磷：~~，薄石（震）。躏：蹂~，践蹈也（震）。驎：骐~，千里马，又平声（震）。

临：臨，哭也，素服哭，又平声。麐：麟韵书止收去声，又平（震）。

这一韵原书无去声，新版分开上声和去声两类。

入音无字

金韵

平声

［一］金：~银，~旁之字皆作金（侵）。今：古~，今日曰该日（侵）。衿：绅衿（蒸）。矜：~夸（蒸）。京：~都（庚）。麖：~麂，乌皮~（庚）。襟：衣襟（侵）。禁：不~，又去声（侵）。惊：驚，~恐（庚）。筥：竹茹。姫：女人长好也（庚）（青）。斤：斧~（文）。觔：~两。筋：~骨（文）。荆：~棘（庚）。经：~纬（青）。巾：头~，俗读此音（真）。泾：~渭（青）。兢：~~，不自安（蒸）。黥：面刺字（庚）。（鲸）：音琴。

［二］钦：~敬也（侵）。轻：~重（庚）。衾：衣~（侵）。卿：~相（庚）。嵚：山耸（侵）。

［三］琴：珡，~瑟（侵）。琹：同上。勤：~俭（文）。懃：殷~（文）。擎：手~（庚）。檠：油~（庚）。禽：~兽（侵）。檎：林~（侵）。芹：~藻（文）。擒：~捉（侵）。岑：山~（侵）。崟：同上。芩：黄~（侵）。涔：蹄~迹中水（侵）。勍：强也，~敌（庚）。篴：大笛（真）（文）。鲸：~鱼，大鱼也。

［四］银：金~（真）。壬：~癸（侵）。任：~姓（侵）。纴：织也（侵）。迎：~接（庚）。垠：界限（文）（真）。宁：寧，安~，道光庙讳（庚）（青）。狞：狰~（庚）。甯：愿也，又去声，同寗、宁，平。咛：叮~。狺：~~，犬欲噬人意（文）（真）。吟：~咏（侵）。嚚：顽~（真）。訚：和悦而净（文）（真）。龂：齿根（真）。鄞：县名，作勤音，误。（文）（真）。衽：上去二声。寗：代盦，又姓，去。砛：~硶。凝：~结（蒸）。

［五］登：豋，上也（蒸）。燈：~火。镫：同上，又去声。灯：同上，俗。簦：~笼，书笼也（蒸）。腾：吴人谓饱曰~，本第六母，他登切。

［六］鼟：鼓声（蒸）。涊：~滩。橙：~出，伸之长也。鼟：益也，讨便宜曰~来。（佘）：上声。

［七］滕：国名，又姓（蒸）。藤：白~（蒸）。誊：~写。腾：~云（蒸）。饨：馄~（元）。疼：独痛。佟：姓。螣：蛇，又音特（蒸）。縢：金~（蒸）。

縢：囊可作带（蒸）。

[八]能：才~（蒸）。䕻：香也（元）。

[九]奔：犇，~逃（元）。崩：坍也（蒸）。塴：同上。虨：虎~。

[十]喷：嘖也，平去二声（元）。歕：吹气，又~水，平去二声，同上。

[十一]（笨）：平声。□：火之，瓯人谓发怒曰，火~起。

[十二]门：~户（元）。扪：手~（元）。蟁：蚊曰~虫（文）。

[十三]曾：~子（蒸）。增：~加（蒸）。罾：罾，捯~（蒸）。矰：~弋，鸟网也（蒸）。缯：~彩（蒸）。蹭：~蹬。津：~梁。甄：甄别（真）。珍：~珠（真）。鉁：同上，古文。憎：~恶也（蒸）。溱：~洧（真）。榛：小栗，又芜也（真）。蓁：叶多（真）。振：~~，又去（真）。真：眞，~假（真）。丁：~~声（庚）。朾：树~。斟：~酌（侵）。碪：捣衣石（侵）。砧：同上。椹：板~（真）。针：鍼，~线（侵）。针：同上。箴：~规（侵）。臻：至也（真）。筝：琴~（庚）。瞋：~怒（真）。畛：~田，陌也，又上声（真）。（甄）：音正。

[十四]亲：窥，~疏（真）。侵：僐，相~（侵）。祳：盛也，又岁~（侵）。逡：七伦切，退却也（真）。捘：掐也，~卫侯之手。皴：绉也（真）。駿：駸，骤也（侵）。穆：~子，似稻，其子如黍。（浸）：渍也，去声音进。篸：声去。

[十五]臣：君~（真）。陈：~新（真）。沈：湛，~深（侵）。疹：疢，~痏。忱：心~，又诚也（侵）。曾：何~（蒸）。尘：埲~（真）。湛：久雨（侵）。酰：音吞。

[十六]新：~旧（真）。深：濬，~浅（侵）。参：参，~商（侵）。蒅：人~，同蓡葠（侵）。申：甲，~酉（真）。绅：~衿（真）。伸：长也（真）。呻：~吟（真）。僧：~曰和尚（蒸）。身：~体（真）。森：~~，竹木多也（侵）。心：~肝（侵）。薪：柴也（真）。莘：~野（真）。辛：辛辣也，又庚辛（真）。诜：~~（真）。琛：珍宝（侵）。娠：~妊（真）。侁：行也（真）。駪：赤色马（庚）。进：进也（真）。

[十七]仁：~义（真）。人：~物（真）。神：神，~仙（真）。寻：~觅（侵）。辰：曟，~巳（真）。宸：帝居（真）。晨：晨，~昏，曰天光，早~（真）。秦：~国（真）。漘：水边（真）。浔：~潭也，~阳（侵）。蟫：虫也（真）。纫：缝~（真）。层：~叠（蒸）。橧：猪栏（蒸）。鬵：大釜（侵）。妊：~娠，孕也，又去（侵）。谌：禪~，诚信（侵）。衽：服也，~金革，去声。

[十八]兴：興，~起（蒸）。欣：喜也（文）。忻：同上。炘：光也。歆：享也（侵）。昕：日欲出也（文）。馨：馨香也（青）。

[十九] 寅：～卯，下同（真）（文）。螾：～夜（真）。盈：～满（庚）。楹：橡也（庚）。形：彤，～貌（青）。刑：荆，～罚（青）。邢：地名（青）。型：型，典～（青）。蝇：苍～（蒸）。霪：～雨，久雨也（侵）。瀛：～州（庚）。赢：输～（庚）。嬴：～秦（庚）。籯：笼也（庚）。硎：磨石（青）。铏：鉶，鼎～，羹器（青）。阱：井～，地名，又阪也，俗作盛，误（青）。钘：酒器（青）。淫：～欲（侵）。蟫：蟫，书蠹（侵）。

[二十] 阴：会，～阳（侵）。因：由也（真）。姻：～亲（真）。裀：～褥。茵：草也（真）。駰：駰，杂色马（真）。殷：～商，又音挨（文）。慇：慇，～勤（文）。应：膺，～该，又去声（蒸）。鹰：雕～（蒸）。膺：对答（蒸）。膺：臆，胸～（蒸）。婴：～孩（庚）。缨：帽～（庚）。樱：～桃（庚）。罂：～壶，同罃（庚）。嘤：～～，啼声（庚）。英：～雄（庚）。瑛：美玉（庚）。音：声～（侵）。鹦：～鹉（庚）。喑：～哑（侵）。窨：深广也（真）。醅：～豆豉。赟：美也。頵：大也。氤：～氲（真）。慭：忧也（文）。罃：酒瓶（庚）。媖：同姻。霙：飞～，雨杂雪（庚）。瓔：～珞（庚）。黔：云遮日。愔：和静（侵）、瘖：～哑（侵）。瘿：上声。

[廿一] 分：～合（文）。芬：岑，～芳（文）。纷：～纭（文）。雰：～～（文）。氛：尘～（文）。梵：乱也，音文。

[廿二] 文：～章（文）。纹：细～（文）。坟：～墓。墳：同上，又白～，上声（文）。圣：同上，便。忞：勉也（真）。蚊：～虫，同蟁。焚：火～（文）。棼：～乱，又～楣（文）。闻：见～，又去声（文）。汾：～阳（文）。帉：饰也（文）。枌：乡～，家也（文）。濆：水也（文）。薰：香草，又刘～（文）。豮：豕也（文）。羒：～羊（文）。雯：景～（文）。鼢：～鼠（文）。蠶：音门。紊：去声。黂：《说文》从賁之字皆作蟦。

[廿三] 伦：倫，五伦（真）。轮：輪，车～（真）。论：論，～文（元）。沦：淪，沉～（真）。纶：綸，经～，又音关（真）。艂：～船（元）（真）。仑：侖，崑～（元）。抡：～元，择也（元）（真）。囵：囵～。棱：～角，俗棱字。薐：菠～菜。楞：～严，经名。棱：模～（蒸）。

[廿三] 音尚有囵丁登之囵字无所属。

上声

[一] 景：～致（梗）。颈：头～（梗）。紧：～急（轸）。锦：～绣（寝）。谨：～慎（吻）。儆：惩～，诗韵止声。境：四境，非去声（梗）。暻：光也（梗）。

頞：同上（迥）。警：~醒（梗）。胫：脚~（迥）。憬：远也（梗）。槿：木~，千年藜也（吻）。刭：割头也（迥）。卺：合~（吻）。堇：菜也（吻）。璟：玉光（梗）。

［二］謦：~欬（迥）。

［三］近：~远（吻）。妗：舅之妻。噤：口~，又去声（寝）。唫：同上。殑：~殑，将死掣缩也。

［四］秵：禾萎也。听：笑貌（吻）。泞：泥~，又去声（迥）。衽：女人襟，又去音任。齤：~笑。

［五］等：等级（迥）。顿：~首，本去声。丼：泥~（梗）。趸：~卖，买多拆卖。

［六］黗：他滚切，黄黑貌。氽：人在水上，俗作去，非。

［七］盾：徒本切，矛~之~。矛以刺人，盾以卫身，又音吮，又音允。太子中允又名中盾（轸）。

［八］貜：暖也。噥：奴等切，多言也。

［九］本：根本（阮）。畚：畚箕（阮）。

［十］翂：飞起，又走也。

［十一］椧：舟篷也。体：不慧也。笨：同上。

［十二］懑：烦~（旱）。

［十三］枕：~头（寝）。缜：缜密（轸）。稹：丛生也（轸）。轸：琴~（轸）。紾：缚也（轸）。诊：~脉（轸）。疹：风~。扰：手~（伤）。袗：鲜衣（轸）。煩：枕骨。畛：~畦，又平声（轸）。胗：唇疡（轸）。眕：恨视（轸）。含：发~（轸）。䪴：大笑（轸）。赈：~济，又去声（轸）。沴：音戾。

［十四］侵：僾伐，又平声（侵）。寝：寑，睡也（寝）。锓：刻也，又平声（寝）。龀：毁齿（吻）。骋：驰~。穇：平声，俗语似上，稻~。

［十五］朕：舟幷，我也（寝）（轸）。眹：睟，瞳子（轸）。

［十六］审：審，宷察（寝）。婶：叔~。哂：笑也（轸）。矧：矤，况也。沈：姓（寝）。沺：汁也（寝）。茜：~草，本音倩。稔：音甚。讯：去声。伈：恐也。

［十七］忍：~耐（轸）。尽：盡，盡善（轸）。甚：甚，极也，又去声（寝）。葚：桑~（寝）。蕈：蕈，香~。肾：腰~（轸）。蜃：蛟~（轸）。饪：失~，饭不熟（寝）。侭：~契，找~。荏：~苒（寝）。稔：年也，谷熟曰~。衽：女人，敛~。又平去声（寝）。腍：味美（寝）。恁：~你（寝）。烬：𬞫，去声。椹：

音砧。

[十八] 遰: 迎~，走也。蠅: 寒~，蚯蚓也。□: ~起。

[十九] 引: ~路（轸）。靷: ~车带（轸）。郢: 楚都（梗）。颍: ~水（梗）。颖: 禾~（梗）。纼: 绳也（轸）。婞: ~~，狠也，~直（迥）。泟: 大水（迥）。悻: ~~，狠，怒也，音幸。

[二十] 隐: ~逸（吻）。饮: 歃食，又去声（寝）。瘿: ~瘤（梗）。影: 人景（梗）。景: 同上，古以景为影，至晋张华始加彡为影。映: 本去声。

[廿一] 粉: 米~（吻）。

[廿二] 忿: ~怒（吻）。愤: 发~（吻）。吻: 口~（吻）。脗: 同上。抆: ~拭（吻）。刎: ~颈（吻）。坋: 尘也（吻）。弅: 隐~。坟: 土也，白~，又~墓平（吻）。偾: ~事，去声。

[廿三] 卵: 鸟~（哿）（旱）。蛋: 音大。

去声

[一] 敬: ~慎（敬）。禁: ~约（沁）。镜: 镜鉴（敬）。竟: 究竟（敬）。径: ~寸（径）。胫: 脚~，又音谨（径）。迳: ~庭，相去远也。劲: 后~（敬）。（境）: 上声。

[二] 庆: 庆，吉庆（敬）。磬: 钟~（径）。罄: 同上，空也（径）。搇: ~牢。拤: 同上。菣: 青蒿（震）。轻: ~则失亲（敬）。（謦）: 上声。

[三] 仅: 仅有（震）。觐: 入觐，见君也（震）。噤: ~口，又上声（沁）。瑾: ~瑜，美玉（震）。竞: 競，争~（敬）。近: 远~，又上声（问）。馑: 饥~（震）。檠: 灯~，又平声（敬）。□: ~碗。（劲）: 音（敬）。（勤）: 音琴，作去上声俱误。

[四] 佞: 谄~（径）。靭: 坚~，与韧同（庚）。认: 認，~识（震）。愸: ~遗，伤也（震）。龂: 齿~，耳~。泞: 燥~（径）。迎: 亲~（敬）。凝: 字典无去声，诗韵有之（径）。甯: 宁，姓（径）。吟: ~咏，又平（沁）。（唸）: 音念。

[五] 凳: 椅（径）。橙: 同上，又音枨（径）。炖: ~热。镫: 马踏~，又通灯。蹬: 蹭~，不如意也（径）。磴: 石墩（径）。顿: ~首（愿）。嶝: 小阪（径）。隥: 险阪（径）。敦: 困~（愿）。

[六] 捇: 振也。（佘）: 上声，俗作去，误。

[七] 邓: 鄧，姓（径）。踜: ~落。磴: 本音队，《前汉·天文志》长庚星见磴落至地，队邓双声，疑即磴落~字。（段）: 本音缎，俗腔似邓故，

并例此。

［八］（嫩）：官腔、俗腔：音柟去声。

［九］迍：走也。

［十］喷：喷饭，又平声（愿）。歕：同上，又平声。坌：尘～也，同坋（愿）。

［十一］笨：獃，～本上声，俗言似去。

［十二］闷：愁～（愿）。（懑）：忿～，上声。扪：平声作去声，非。

［十三］进：進，～退（震）。振：～起，又～～，平声。赈：～济，～饥（震）。震：唇动又卦（震）。晋：晉楚（震）。镇：～台（震）。缙：云～（震）。搢：搢绅（震）。枕：曲肱而～，又上（沁）。填：土星，又音田（震）。瑨：美石（震）。琎：同上（震）。侲：～子，逐鬼童子（震）。诊：～脉，又上声（震）。瑱：玉充耳（震）。椹：拟击也（沁）。杓：织先经以～梳丝使不乱。浸：水瀀，此字子鸩切，本在十三母，俗言浸水不误，而读作侵、寝音误，又平声（沁）。

［十四］趁：～船（震）。衬：陪衬（震）。榇：棺也（震）。劘：～平。儭：同衬（震）。龀：毁齿（震）。祲：祆气（沁）。闯：撞入也（沁）。疢：热病（震）。箵：以篾细破其端，匠人以之画墨，俗谓之墨攦，攦箵双声。（浸）：音进。

［十五］阵：摆陣（震）。陣：同上。陈：问～之～，通作陈。鸩：毒鸟（沁）。沈：～水，又平声（沁）。酖：音贪。

［十六］信：诚～（震）。迅：迅速（震）。汛：～兵（震）。渗：水渗湿，～漏（沁）。沁：以物探水曰～，又水名（沁）。囟：脑盖也。顖：～门，同上。讯：问也（震）。鼰：～臭，腋下狐臭。槑：聚柴捕鱼（沁）。（茜）：～草，本音倩。

［十七］慎：敬～（震）。任：～事（沁）。刃：锋～（震）。仞：～丈（震）。娠：胎也，又音申（震）。赠：投～（径）。烬：烎烛火也（震）。蜃：蚌属又上声（震）。赁：租税屋物（沁）。訒：谨言也（震）。妊：孕也（沁）。賮：餽～，同赆（震）。衽：敛～，女人衣襟也，又上声（沁）。轫：车也，发～（震）。荩：忠～（震）。牣：充～，满也。紝：机缕（沁）。甚：太～，又上声（沁）。鋅：鑕也。（衄）：本音朒，女六切。韧：音认。

［十八］兴：～旺（径）。衅：起～，～钟（震）。衅：起～。焮：同炘，火气（问）。

［十九］孕：身孕（径）。媵：媵，婢（径）。胤：嗣也，雍正庙讳（震）。鞕：鼓～，小鼓在大鼓上击之。引：索也，又引伸之，上声（震）。靷：车辔也，又上声（震）。

［二十］印：~信（震）。应：叫鹰（径）。荫：~生、树~（沁）。廕：~生。
僾：依人（问）。隐：倚也，~几而寱（问）。映：玉~（敬）。饮：下而饮（沁）。
暗：~哑（沁）。窨：地窖。

［廿一］奋：奮，~发（问）。粪：糞，~田（问）。偾：败也（问）。

［廿二］问：相~（问）。分：有~（问）。汶：~水（问）。闻：令~，又平（问）。
忿：~怒，又上声（问）。紊：~乱（问）。抆：~泪，拭也（问）。坋：尘也，
又上声（问）。冔：音问，丧礼，冠阔一寸，又音勉。

［廿三］錀：路困切，~子击丸为戏也。□：~起。□：打也。

入音无字

跟韵

平声

［一］跟：踉随（元）。絚：大绳（蒸）。
［二］狠：音垦，平声，本音坤，啮骨也。
［三］□：口含物曰~。
［四］□：圯恒切。
［五］至［十七］与金韵同。
［十八］（狠）：平声。□：~你。
［十九］恒：常也，恆（蒸）。□：水~。縆：大绳，音跟。
［二十］（俺）：我也，去声。弇：倒~，~口之~，今读作甘、揞二声。
［廿一］［廿二］［廿三］此三母与金韵同。

上声

［一］顜：盖也，音感，又去声，音贡。
［二］肯：肎，诺也（迥）。恳：恳求（阮）。悬：同上（便）。垦：开~（阮）。
垦：俗同上，便。
［三］□：俗作击人声，巨狠切。
［四］趑：牛吻切，走也。
［五］至［十七］与景韵同。
［十八］很：悍也（阮）。

－028－

［十九］恒：上声，藏火曰～火种。

［二十］无字。

［廿一］［廿二］［廿三］与景韵同。

去声

［一］（跟）：去声。二（垦）去声。三四无字，五至十七与敬韵同。

［十八］囗：去声，肿也。

［十九］恨：悢，憾也（愿）。亘：㥛，竟也（径）。

［二十］饐：乌恨切，相呼食麦也。（俺）：音宴（艳）二音。

［廿一］［廿二］［廿三］与敬韵同。

入声无字

昆韵

平声

［一］昆：昆弟（元）。崑：崑仑（元）。琨：～玉似珠，凡圆物曰～圆（元）。鲲：鳃，大鱼（元）。鹍：～鸡（元）。囗：～肿。裩：瓯人作上声用。裈：褌，裤也，非纨（元）。

［二］坤：乾～（元）。堃：同上。困：囷也，又音虫上声（真）。麏：鹿也。髡：削发（元）。臋：臀～，瓯人谓臀曰后臋（寒）。

［三］［四］无字。［五］至［十七］共十三母与金韵同。

［十八］惛：神～（元）。昏：黄～，瓯音作欢音（元）。

［十九］魂：魂魄，又在官韵（元）。芄：～兰（寒）。丸：弹丸，音园（寒）。浑：～浊，又在官韵（元）。纨：～袴（寒）。溷：热也，与去声异（元）。汍：～澜，泪多（寒）。（褌）：音昆。

［二十］囗：小痛。温：～暖，官音，瓯人读作渊（元）。

［廿一］［廿二］［廿三］同金韵。

上声

［一］滚：～汤。箟：竹～，本同箘，俗作此音。混：又音丸上（阮）。绲：～衣，又带（阮）。衮：～冕，华～（阮）。鲧：伯鲧（阮）。焜：火光（阮）。

裩：本音涃（阮）。裋：本平声，瓯人谓短衫曰布衫头，又曰～身，作上声语。

［二］捆：～缚（阮）。阃：闺～（阮）。壸：～范，同上（阮）。悃：愿～又音坎（阮）。緄：～屦，织也。箘：竹名，音窘（轸）。□稇：束也（轸）。梱：门橛（阮）。

［三］梱：巨混切。

［四］无字，［五］至［十七］共十三母，与景韵同。

［十八］緫：虚本切，结也。

［十九］混：～沌（阮）。浑：与平声同。悃：闷乱也。（涃）：去声。

［二十］稳：官音与黄岩交界处腔作此音，瓯城作碗音。

［廿一］［廿二］［廿三］与金韵同。

去声

［一］渜：水～出。（裩）：棒裩上声。□：烟闷。□：罾也。

［二］困：本音劝（愿）。阃：闺也，上声。壸：同上，上声。

［三］□：巨切浑。

［四］饂：五困切，相谒食麦也。

［五］至［十七］与敬韵同。

［十八］无字。

［十九］浑：平上去三声。涃：厕也（愿）。悃：闷乱（愿）。

［二十］［廿一］［廿二］［廿三］与敬韵同。

入声无字

鸠韵

平声

［一］鸠：斑鸠（尤）。樛：～木（尤）。阄：拈阄（尤）。龟：龟兹国，又音居（尤）。纠：本上声。樛：～輈，本音光，在肴韵。

［二］丘：圜～，余俱避。邱：～陵。坵：田～。箍：～桶，本音孤，今俗作坵音用。

［三］求：～名（尤）。球：天～（尤）。裘：狐裘（尤）。球：打～（尤）。逑：好～（尤）。赇：赇赃也（尤）。仇：雠也（尤）。虬：～龙同虯（尤）。璆：

美金，又音留（尤）。璆：美玉（尤）。摎：缚也（尤）。叴：三角矛（尤）。
厹：同上。俅：恭顺也（尤）。捄：击也（尤）。觩：角短曲（尤）。鰡：音
流（尤）。

　　［四］扭：平声，手～转。

　　［五］兜：兜鍪盔（尤）。挽：～拦。篼：椅～、马笼～（尤）。吺：轻出言，
又古文兜（尤）。頸：頤～，注面折。

　　［六］偷：偷窃（尤）。

　　［七］投：～顺（尤）。

　　［八］㝹：小兔。

　　［九］□：碑鸠切。

　　［十］砓：披尤切，破声。

　　［十一］［十二］此二母无字。

　　［十三］邹：鄹，～邑（尤）。鄹：同上。陬：隈也（尤）。㰥：物聚一～。
诹：谋也（尤）（虞）。娵：～訾，日月会亥（虞）。騶：马也，八～（尤）。鯫：
鱼名（尤）。緅：绀～，青赤色（尤）。

　　［十四］揫：弹琴，～弦也，俗腔似搜（尤）。緧：酒～，俗腔似秋（尤）。

　　［十五］愁：官音，瓯腔作十七母。

　　［十六］搜：～检（尤）。摍：同上。溲：浚，溺也，又上声（尤）。颸：
风～～。飕：～～，同上。叟：淅之，又上声～～（渭）。□：溪～（尤）。艘：船也（豪）。
蒐：春猎也（尤）。廋：廃，隐瞒人焉～（尤）。

　　［十七］愁：忧慼，官音骤平声（尤）。

　　［十八］休：歇也（尤）。庥：恩也（尤）。狖：貜～（尤）。咻：众楚，～杂，
～言也（尤）。鸺：～鹠，逐魂也（尤）。烋：美也，本音荒，光韵。

　　［十九］由：从也（尤）。繇：同上（尤）。油：脂膏（尤）。蚰：蜒～（尤）。犹：
～可（尤）。酋：夷长曰～（尤）。莸：臭草（尤）。猷：功绩也（元）。輶：～轩，
车也（尤）。尤：怨～（尤）。迪：逎，～然，万国～平，同攸（尤）。斿：旗～（尤）。
游：出～（尤）。游：同上。邮：置鄾，驿传也。卣：酒器，又上声（尤）。疣：
赘～（尤）。蝣：浮～蛾类（尤）。楢：薪～（尤）。髹：漆～（尤）。

　　［二十］忧：憂，悬惧（尤）。优：優，好也（尤）。耰：耰，削草（尤）。
攸：皆也（尤）。悠：～远（尤）。幽：静（尤）。㟄：～溪。呦：～～，鹿鸣（尤）。
麀：雌鹿，牝～（尤）。邮：音（尤）。

　　［廿一］纰：府鸠切，鲜白衣。鴀：方鸠切，戴胜也。

［廿二］□：浮游也。

［廿三］楼：~上（尤）。娄：媆，离~（尤）。髅：髑~，头骨（尤）。偻：敬也（尤）。宴：瓯~高地（尤）。蝼：~蚁（尤）。倭：伛~（尤）。篓：篝~，又上声（虞）（尤）。蒌：~蒿（尤）。獿：~猪，騘猪也（尤）。镂：雕也。搂：牵曳，~也。

［廿三］音之外，尚有纽转之~，又有搂耳之楼，雕镂之镂无所属。

上声

［一］九：八~（有）。纠：~绳（有）。赳：武也（有）。久：长~（有）。玖：玉也（有）。韭：~菜（有）。

［二］揂：讨也，俗谓乞丐曰~米或谓讨饭人。糗：~粮（有）。馗：食物烂也。

［三］臼：捣臼（有）。舅：母兄弟曰~爷（有）。咎：休~（有）。柩：匛，棺也，去声。

［四］扭：手~窄。钮：~扣（有）。杻：木名（有）。忸：~怩，愧也（有）。纽：结也（有）。狃：习也，又狎也（有）。耚：瓯人谓疲软曰勌~，音似软。

［五］斗：升~（有）。抖：~擞。枓：橡~，又柱上枓（有）。陡：~门，又~峻（有）。豆：古同斗。蚪：蛙蟆子尾未落者曰蝌~（有）。

［六］敂：伸也。䶂：黄也，~纩垂耳（有）。訆：诱也，疑即~气之~。

［七］豆：上声。

［八］毂：乳也，又音搆（有）。

［九］［十］［十一］［十二］四母无字。

［十三］走：忞，行~（有）。哇：喝也。帚：扫~（有）。箒：同上。

［十四］（凑）：上声。趣：~马，养马官（有）。揫：夜守盗有所击（有）。

［十五］（骤）上声。

［十六］叟：老者之称（有）。寠：同上。瞍：无目人（有）。薮：郊~（有）。擞：抖~（有）。嗾：使犬声（有）。醙：陈酒（有）。籔：漉米（有）。溲：~粈，又平声（有）。廀：廋，山隈也，平声同瘦。瘦：瘠也。

［十七］瓜：兽迹（有）。鲰：小鱼又平声（有）。穄：聚也，士九切。

［十八］朽：坏也（有）。糗：~粮，本第二母，俗作此音，误。

［十九］有：~无（有）。酉：卯~（有）。友：朋乏（有）。卣：酒器，又平声（有）。莠：良~（有）。牖：户~（有）。羑：~里（有）。煋：火燎（有）。右：同侑，以享以~，又去（有）。诱：哄~（有）。庮：旧屋木（有）。琇：玉也，

又音秀（有）。

　　［二十］黝：深黑（有）。懮：福也。

　　［廿一］［廿二］无字。

　　［廿三］篓：篓~，又平声（有）（虞）。缕：丝曰~（虞）。嵝：岣~碑（有）。偻：伛~，平上去三声（虞）。蒌：草可烹鱼，又平声（虞）。塿：培~，蚁所聚之土，以喻山之小者（有）。

去声

　　［一］究：讲~（宥）。救：~人（宥）。捄：止也，又平声。灸：火（宥）。厩：马栏（有）。疚：病也（宥）。誋：禁止也，又与救同（宥）。

　　［二］阒：空也，~其无人。閴：字典无此字，即阒字之误。

　　［三］旧：舊，新旧（宥）。柩：丧匶，棺也，俗作上声，误（宥）。匛：同上。

　　［四］齅：飞也。糅：女救切，杂也（宥）。狃：习也，就也（宥）。瓯俗以到何处曰~去。

　　［五］斗：鬥，~争。鬪：鬭，全上（宥）。虯：龙尾（宥）。（抖）：本上声，俗作去，误。

　　［六］透：~出（宥）。逗：留（宥）。

　　［七］豆：俎~（宥）。酘：~酒（宥）。窦：窦洞也（宥）。读：句~，~点（宥）。脰：颈也（宥）。饾：饤~，鱼菜，多也（宥）。

　　［八］㨆：构~，不解事（宥）。

　　［九］［十］［十一］［十二］共四母无字。

　　［十三］奏：崒本（宥）。绉：湖~（宥）。皱：同上（宥）。走：疾也（宥）。甃：则救切，~墙（宥）。

　　［十四］凑：相㳫，俗作两点水，误（宥）。腠：腠理（宥）。辏：辐~。畜：丑救切，六~（宥）。蔟：太~，又入声（宥）。楱：鎒~，铁齿杷（宥）。簉：倅也，妾也（宥）。甃：则救切，今人~墙曰砌墙，本音奏。

　　［十五］骤：猝也（宥）。籀：籀，篆~（宥）。瞅：赘，形~拢，闷视也（绛）。

　　［十六］嗽：咳~。瘶：同上（宥）。漱：荡口也（宥）。瘦：肥~，瓯人谓曰瘶（宥）。嗾：使狗声，又上声（宥）。

　　［十七］（愁）：去声。

　　［十八］臭：气也（宥）。嗅：鼻吸气也，瓯腔作训，同齅（宥）。

　　［十九］又：更也（宥）。右：左右（宥）。祐：保~（宥）。佑：~启（宥）。

髹：漆～。鼬：黄鼠狼，毛可为笔（宥）。狖：猿也（宥）。繇：～辞，卦爻辞，又平声（宥）。樵：积薪烧（宥）。狖：兽名，善登木（宥）。褎：盛也。（诱）：哄～。（莠）（牗）：上三字俱上声，俗作去声，非。

[二十]宥：宽恕也（宥）。侑：～劝（宥）。幼：少也（宥）。囿：花园，又音郁（宥）。酭：报也（宥）。勠：瓯人谓疲软曰～纽。（櫌）：削草，本平声，俗作去声，非。优：好也平声。

[廿一][廿二]无字。

[廿三]漏：渗漏（宥）。陋：鄙～（宥）。窌：石～同窖（宥）。瘘：瘻，鼠～，小儿头疮（宥）。塯：土～，瓦器（宥）。镂：刻～，又音卢，属～，剑名（宥）。

入音无字

勾韵

平声

[一]勾：句，曲也（尤）。钩：刣，～金（尤）。沟：溝，水渎（尤）。韝：臂～，袖套（尤）。篝：笔也（尤）。区：區，同勾，《礼记》，～萌达，注：屈生曰～（尤），与虞韵异。笱：鱼罶，本上声。

[二]彄：弓～。抠：～衣，揭也。

[三]圕：～苎，本音彄，俗作此音（尤）。痀：～背，本同痀，俗作此用，姑从俗易查。

[四]牛：～羊，官腔音扭，平声（尤）。

[五]至[十七]与鸠韵同。

[十八]齁：睡鼻息声（尤）。口：～背。

[十九]侯：矦，公～（尤）。喉：～咙，《说文》矦旁皆作矦（尤）。猴：狖～（尤）。糇：～粮（尤）。篌：箜～（尤）。缑：～山（尤）。鍭：箭镞（尤）。睺：罗～星，又去声（尤）。

[二十]瓯：金～（尤）。沤：浮～（尤）。讴：～歌（尤）。欧：～刀（尤）。鸥：水鸟。箉：～篮。颐：瓯人谓人黄瘦无色，衣衫褴褛者曰～颐。

[廿一][廿二]与鸠韵同。

[廿三]搂：探取（尤）。镂：音漏，又音卢。此二字俗读作此音，在二十三母之外。

上声

［一］苟：～且（有）。耇：老也（有）。枸：～杞（有）。狗：犬也（有）。笱：鱼罶（有）。垢：油～（有）。耩：耕也（讲）。

［二］口：瓯人谓～曰嘴（有）。叩：喎，地名，与叩异。扣：敲也，又去声（有）。釦：金纽。

［三］厚：帿，～薄。臼：捣臼。二字俗言在此母。

［四］偶：匹～（有）。耦：～伴（有）。藕：满，荷根（有）。

［五］至［十七］母与鸠韵同。

［十八］吼：叫也，又去声（有）。

［十九］后：皇～，又去声（有）。后：後，先逡，又去声（有）。厚：帿，～薄，又去声（有）。垕：同上。邱：地名（有）。逅：邂～，去声。

［二十］殴：～打（有）。佝：～偻（瘻）。欧：～吐，～阳之～，平声。

［廿一］［廿二］［廿三］此三母与久韵同。

去声

［一］構：構，结构，（宥）。覯：见也（宥）。搆：～怨。购：买也（宥）。遘：遇也（宥）。宭：中～，夜也。媾：交～（宥）。彀：入～、能～，同彀。诟：～詈（宥）。姤：卦名，又遇也（宥）。薄：中～，在堂之中（宥）。雊：叫也（宥）。呴：同上，雄～于鼎耳（宥）。彀：生而待哺为～，能食为雏（宥）。句：～当之～，去声（宥）。彀：乳也，又上声（宥）。够：足也。

［二］扣：敂，敲也，又音口（宥）。蔻：豆～，药名（宥）。篎：同筘，丝～（宥）。筘：同上。寇：～盗（宥）。敂：同扣。叩：同上，敲也，与叩异，叩音口。

［三］无字。

［四］䮪：音偶，去声，马驰不齐。

［五］至［十七］与鸠韵同。

［十八］螯：鱟，似蟹而有尾（宥）。吼：叫也，又上声（宥）。

［十九］候：节～（宥）。堠：斥堠，封土为坛五里（宥）。厚：～薄，又上声（宥）。后：皇～，又上声（宥）。逅：邂～，不期而遇（宥）。后：後，先～，又上声（宥）。睺：罗～，又平声（宥）。鲎：器名，可入而不可出，又音项。

［廿一］沤：久渍，又平声（宥）。□：～曲，被～。

［廿一］［廿二］［廿三］与鸠韵同

入韵无字

阄韵

平声

［一］阄：鸠丢切，坐～，拈～（尤）。

［二］□：岳丢切。

［三］□：求丢切。

［四］（牛）：官音此四母合齿，呼如鸠韵，鸠丢切。

［五］丢：抛也。

［六］无字。

［七］头：首也（尤）。骰：～子，赌徒掷之以定先后（尤）。

［八］［九］至［十二］俱无字。

［十三］周：周全也（尤）。週：对～。賙：～饥（尤）。州：～县（尤）。洲：～汀，水中地（尤）。舟：～船（尤）。辀：车前曲木也（尤）。啁：～唧（尤）。掫：捉也，～牢（尤）。侜：壅蔽（尤）。譸：同啁。

［十四］秋：春烁，秋旁之字皆作烁（尤）。湫：龙～，又～溢，音悄（尤）。鞦：鞿～（尤）。抽：～出（尤）。楸：松～（尤）。鶖：水鸟（尤）。篍：同箎。箎：酒～。瘳：疾愈，《说文》瘳（尤）。鰍：坭～（尤）。鳅：同上。（掫）（揪）（啾）：俱音周。

［十五］绸：～缎，又音紬（尤）。紬：同上（尤）。稠：～密（尤）。酬：应～（尤）。醻：同上。畴：田～（尤）。筹：籌，持～（尤）。俦：～侣（尤）。售：～卖（尤）。（囚）：～笼，本在十七元音柔。惆：～怅（尤）。鯈：鱼名（尤）。遒：～劲（尤）。雠：复～（尤）。禂：马祭。犫：白色牛，本赤周切，音秋，标韵醻似误。裯：被也（尤）。幬：～帐也（尤）。

［十六］脩：脩好（尤）。修：同上（尤）。收：～租，又去声（尤）。羞：羞耻（尤）。馐：～餷也。潃：～渣，米泔，又上声，韵书平声未收。

［十七］柔：腼顺（尤）。揉：接也（尤）。蹂：～躏，又上声（尤）。泅：～河（尤）。囚：～笼（尤）。

〔十八〕休：官音。

〔十九〕由：官音。

〔二十〕忧：官音。

〔廿一〕〔廿二〕无字。

〔廿三〕流：流水（尤）。鎏：美玉。鎏：美金。旒：冕～（尤）。刘：劉，姓（尤）。镏：同上。留：雷客（尤）。畱：同上。榴：石～（尤）。瘤：～瘿（尤）。硫：～黄。浏：～亮，清明也。遛：逗～，不进也（尤）。飀：竹～，如貍。鹠：鸺～，逐魂也（尤）。镠：钱～，又音求。

〔廿三〕音之外，尚有五六、工尺之六，无所属。

上声

〔一〕至〔十二〕母无字

〔十三〕酒：～杯（有）。肘：手～（有）。

〔十四〕丑：子～（有）。醜：丑，好～（有）。

〔十五〕纠：桀～（有）。

〔十六〕手：～指（有）。首：脑，头也，又去声（有）。守：坚～，又去声（有）。潃：～灖，米泔，又平声（有）。

〔十七〕受：授～（有）。授：递也，实～，韵上收去。绶：印～，又去声（有）。蹂：～躪，踏也，又平声（有）。揉：屈木（有）。寿：～老，又去声（有）。璹：音受，玉名，又音导。厭：同上。

〔十八〕〔十九〕〔二十〕〔廿一〕〔廿二〕此五母无字。

〔廿三〕柳：栁，杨栁（有）。昴：昴星，韵书止收卯音。绺：剪～，剪人货物之盗。罶：鱼～（有）。眑：～眼。浏：水清，又平声（有）。懰：好也（有）。茆：采茆，水草（有）。□：～火。□：～槽。

去声

〔一〕〔二〕〔三〕〔四〕〔五〕〔六〕无字。

〔七〕豆：即荳，古无荳字（宥）。荳：～麦。（骰）：～子，赌博之色马，本平声。

〔八〕〔九〕〔十〕〔十一〕〔十二〕无字

〔十三〕昼：書，昼夜（宥）。咒：经～，又通作祝（宥）。傓：赁也（宥）。咮：鸟嘴，又平声（宥）。噣：同上，又音啄。

［十四］䆞：姓也，今关东有此姓，音丑，去声。□：香～。

［十五］柚：櫐也，犬柑，又杼～（宥）。宙：宇～，天地也（宥）。售：卖也，又平声（宥）。胄：甲～，铁盔（宥）。胄：世～（宥）。籀：籒，篆字（宥）。岫：山顶（宥）。酎：三酿酒，贡～（宥）。伷：系也（宥）。棷：船篙木（宥）。

［十六］秀：清～（宥）。繡：～花（宥）。绣：同上（便）。鏽：铁～（宥）。锈：同上（便）。宿：星～，又入声（宥）。狩：巡～，田猎也（宥）。守：太守、出守，去声。～望，上声（宥）。兽：獸，野～，禽～（宥）。首：出～之～，去声，又上声（宥）。收：～获多，又平声（宥）。琇：玉也，又音右（宥）。

［十七］寿：壽，长寿，寿旁之字，《说文》皆作壽（宥）。就：成～（宥）。授：递也（宥）。袖：衫褎（宥）。褎：同上。袠：同上，本音又（宥）。鹫：～岭（宥）。蹂：践踏，～躏。（宥）。绶：印～，又上声（宥）。

［十八］［十九］［二十］［廿一］［廿二］官腔有此音，瓯音无。

［廿三］溜：溜，～落（宥）。霤：中～（宥）。瘤：瘿～，又平声（宥）。廇：屋梁大梁为宋～（宥）。留：～宿，停待（宥）。罶：鱼～，上声。浏：平上二声，无去。

入声

［一］至［八］无字。

［九］必：决也（质）。筆：笔墨（质）。笔：同上（便）。滭：水～出。鏅：犁～。

［十］僻：偏～（陌）。癖：～疾（陌）。

［十一］□：赶也。弼：弼，辅～。秘：禾重生也，薄密切。（鼻）：本音作备，俗音入声，误。

［十二］蜜：蠠蜂（质）。密：细～（质）。宓：安静也。谧：静也（质）。汨：尘浊也（质）（物）。

［十三］䉖：即立切，以新谷汁浸旧谷汁，曰～。

［十四］至［廿二］无字

［廿三］立：站也（缉）。笠：箬～（缉）。栗：枣桌，栗旁《说文》作桌（质）。慄：惧也，懔（质）。溧：～冽寒风（质）。鹂：鸟小美而大则丑，谓鹂（质）。

【商音八韵】

庚韵

平声

[一]庚：庚甲（庚）。更：叓改，更旁《说文》作叓（庚）。羹：菜羹（庚）。赓：～飏（庚）。鹒：鸧～（庚）。耕：耕田（庚）。秔：同粳，米不粘者（庚）。

[二]阬：～陷（庚）。坑：水～。铿：声～尔（庚）。硁：硁，～～小人（庚）。牼：牼，宋～（庚）。茎：金～，一枝也，又音行（庚）。

[三]（埂）：平声。

[四]（硬）：平声。

[五]（打）：平声。

[六][七][八]无字。

[九]绷：花～。繃：～儿，束缚也（庚）。絣：振绳墨，即墨斗线也（庚）。怦：心急也（庚）。抨：弹也（庚）。漰：水声（蒸）。磅：～～，碗坠地声响。

[十]彭：彭地名（庚）。膨：肚～，瓯人谓胁肋曰肚～。棚：晒～，本音朋俗读作此音（庚）。蟚：～蜞，蟹也（庚）。稝：蒲更切，禾密也，疑即～牢之～。

[十二]萌：萌芽（庚）。氓：宀，民也（庚）。盲：目～（庚）。哞：牛鸣声。䖟：牛～（庚）。侔：相～（尤）。眸：同盲（尤）。

[十三]争：相～（庚）。峥：～嵘（庚）。铮：～～声（庚）。樘：树～，本祖回切，木节也。睁：脚眼～，字典无此字。琤：玉声（庚）。

[十四]撑：～船（庚）。掌：～伞。瞠：目～开，又直视，音柽（庚）。

[十五]苌：～宏（阳）。枨：门闩（庚）。橙：～丝（庚）。敳：争也。瞠：～视，直视也（庚）。穿：小突也，～出。揨：直庚切，以物拨之曰～触（庚）。

[十六]生：生活，生旁《说文》作生（庚）。甡：众多（真）。牲：牺牲

（庚）。甥：外甥（庚）。笙：笙簧（庚）。

　　[十七]衡：士耕切，角长貌。

　　[十八]亨：~通（庚）。哼：羊声。

　　[十九]行：行路，周行之~，在阳韵（庚）。桁：栋~，又音黄（庚）。胻：牛尿~，又足胫骨。茎：同上，又音硁（庚）。

　　[二十]莺：俗读作英（庚）。罃：罂，~壶（庚）。咩：羊叫声。膵：本音翠，鹅鸭尾上肉也。《本草》载鹅，注又曰：尾罃。

　　[廿一]无字。

　　[廿二]瞪：直视也（庚）。

　　[廿三]冷：平声。

上声

　　[一]鲠：骨鲠（梗）。哽：同上（梗）。梗：柴~，俗语似肱，上声（梗）。绠：汲~，绳也（梗）。耿：~介（梗）。

　　[二][三][四]三母无字。

　　[五]打：殴~（梗）。

　　[六][七][八]无字。

　　[九]（绷）：上声。□：弹子声。

　　[十]烹：上声。□：击板声。

　　[十一]蚌：蛤~（讲）。□：小响声。

　　[十二]猛：凶~（梗）。蜢：蚱~（梗）。艋：舴~船（梗）。

　　[十三][十四]无字。

　　[十五]赹：尽也。

　　[十六]省：渻，~城，又俭也（梗）。睲：睲，~灾（梗）。

　　[十七]无字。

　　[十八]哮：利害声。

　　[十九]杏：~花（梗）。幸：庆幸（梗）。悻：~然见于面，作孕音，误。倖：徼~。莕：~菜（梗）。□：应声。涬：音婞。

　　[二十]犋：小牛名，又呼牛声。□：水深貌。

　　[廿一][廿二]无字。

　　[廿三]冷：寒~（梗）。

去声

[一]更：又也（敬）。□：丝~牢。

[二]坑：去声。

[三]埂：田塍。□：人多走过。

[四]硬：~软（敬）。

[五]［六］［七］无字。

[八]乧：~起，俗。

[九]（绷）去声。

[十]□：哭声初起。

[十一]掟：~着，~搕。

[十二]孟：长也（敬）。□：~菜。

[十三]净：谏~（敬）。□：~气。

[十四]掌：支柱，牙部，耻孟切。

[十五]打：~子，以木为之。碇：~子，以铁为之。□：不招也。

[十六]（省）：去声，~过。□：入口~~。眚：财富也。

[十七]无字。

[十八]（亨）：去声。□：吃也。□：打人曰~去。

[十九]行：品~（敬）（漾）。

[二十]［廿一］［廿二］［廿三］无字。

入声无字

觥韵

平声

[一]觥：酒器，以角为之（庚）。肱：股~（蒸）。泓：水一~（庚）。吰：吵闹，~一声。紘：八~（庚）。

[二]□：枯觥切，小锣声。

[三]□：大锣声。

[四]无字。

[五]至［十七］母与庚韵同。

[十八]轰：车声，又去声（庚）。鍧：铜声（庚）。訇：大声（庚）。淘：

水～～声。

［十九］横：～直，又去声。衡：衡，同上，又戬（庚）。甍：瓦屋（庚）。

□：～～声响。

［二十］（奤）：亮也，本上声，俗作平（梗）。乌起一行。［廿一］［廿二］［廿三］三母与庚韵。

上声

［一］矿：礦，金～（梗）。扩：同上。爌：～麦（梗）。（梗）：柴～，本音哽。

［二］□：击声，苦矿切。

［三］□：人强也，巨矿切。［四］至［十七］与庚韵同

［十八］轰：轟，上声。

［十九］横：上声。

［二十］奤：～亮（梗）。

［廿一］［廿二］［廿三］与庚韵同。

去声

［一］至［十七］无字。

［十八］（轰）：去声，～出。

［十九］（横）：非理（敬）。

［二十］［廿一］［廿二］［廿三］俱无字。

姜韵

平声

［一］姜：～姓（阳）。薑：姜，生～（阳）。疆：同上。疆：封～（阳）。
僵：干～（阳）。缰：马～。韁：同上。橿：万年木（阳）。蠶：～蚕（阳）。

［二］腔：口～，又肉也（江）。羫：同上。喹：同腔。羌：夷人（阳）。庆：
余庆（阳）。□：～条命着。蜣：～螂（阳）。

［三］强：～弱（阳）。彊：上同。

［四］娘：母也。孃：女人称。

［五］□：丁姜切。

［六］□：汀姜切，摸～。

［七］至［十二］无字。

［十三］张：开也，供～之～，去声（阳）。将：打烊，～帅之～，去声（阳）。浆：漿，水～（阳）。螀：将虫也（阳）。章：官～（阳）。鱆：～鱼。麞：麞鹿（阳）。彰：～明（阳）。璋：玉也（阳）。漳：～州（阳）。樟：～木（阳）。嫜：姑～（阳）。障：保～，又去声。

［十四］昌：善也（阳）。锵：玉声（阳）。鎗：刀～（阳）。枪：欃～，又长～（庚）（阳）。菖：～蒲（阳）。鲳：～鱼。猖：～狂（阳）。倡：～优（阳）。伧：～父（庚）（阳）。创：疮也（阳）。阊：～门（阳）。瑲：玉～（阳）。蹡：跟～（阳）。斨：缺～（阳）。

［十五］长：長，～短（阳）。塲：～圃。场：同上（阳）。肠：肚～（阳）。伥：鬼～，作去声，非（阳）。（瓤）：音祥。

［十六］箱：～柜（陌）。湘：～江（阳）。相：～交之～，平声（阳）。商：啇，～量（阳）。徜：～徉。镶：～嵌（阳）。襄：褱，～赞，襄旁字《说文》作褱（阳）。瀼：露浓（阳）。勷：劻～（阳）。殇：少年死（阳）。厢：廊也（阳）。穰：～苴，本音墙，俗作厢，误。伤：～损（阳）。觞：酒～（阳）。骧：腾～（阳）。缃：缥～（阳）。汤：～～，水大貌（阳）。疡：疮～（阳）。瓤：瓜～，音祥（阳）。

［十七］墙：牆，屏～，啬旁《说文》皆作嗇（阳）。墻：同上。廧：同上。樯：帆～（阳）。嫱：王～，美女（阳）。蔷：～薇（阳）。祥：吉～（阳）。庠：～生（阳）。尝：～味（阳）。常：恒也（阳）。裳：衣～（阳）。偿：还也，又音赏（阳）。禳：～星，《说文》穰（阳）。戕：害也（阳）。穰：～苴，俗读十六母，误，～～，丰年也（阳）。鲿：～鲨（阳）。翔：翱～（阳）。攘：外～夷狄之～，平声；扰～之～，上声（阳）。瓤：瓜中肠也（阳）。

［十八］香：萫，～臭（阳）。芗：同上（阳）。

［十九］垟：田～。洋：海～（阳）。徉：徜～。佯：佯狂，又假也（阳）。烊：融化。杨：～柳（阳）。阳：陽，昜，阴～（阳）。扬：～名。暘：～谷（阳）。飏：颺，扢雅～风，平去二声（阳）。炀：又～帝，去，同烊（阳）。敭：同扬（阳）。降：投～（江）。

原书缺十九。十八香只有两个字，与以下声母不同，可能出现排版错误，垟字开始归十九。另附带一点，古代温州话分尖团，十八、十九与十六、十七声母不同。现在永嘉有些地方还分。

［二十］央：中，～旁字作夰（阳）。秧：～苗（阳）。泱：～～（阳）。鸯：

鸳~（阳）。殃：~灾（阳）。□：~人。

［廿一］［廿二］无字。

［廿三］凉：炎~（阳）。良：~善（阳）。量：量，~谷。~旁，《说文》作量（阳）。糧：钱~（阳）。粮：同上，俗。梁：~国（阳）。樑：栋~。粱：高~粟（阳）。

上声

［一］（姜）：上声。

［二］襁：~褓（养）。繦：钱串也（养）。羌：平声。

［三］勥：勉力也（养）。彊：倔~，又平声（养）。强：同上。

［四］仰：覆~（养）。

［五］至［十二］与庚韵同。

［十三］蒋：姓~（养）。桨：船~（养）。奖：奖励，俗作声非（养）。掌：手~（养）。者：~也（马）。长：君~、~辈（养）。

［十四］厂：厰，茅~。敞：~开（养）。氅：毛~（养）。昶：日明（养）。抢：~夺、头~地，又平（养）。刢：皮伤也（养）。鋹：利也。

［十五］丈：~尺，《说文》丈旁字皆作乂（养）。杖：枴~（养）。仗：倚赖也，上声，又打~、仪~，去声（养）。

［十六］赏：~罚（养）。偿：~还，又平声。想：思~（养）。鲞：鱼~（养）。饟：与饷同，馈人（养）。

［十七］象：犀~（养）。像：个~（养）。上：走~（养）。壤：天~，俗作去声，误（养）。橡：~栗（养）。攘：扰~（养）。穰：浩~，年丰，又平声（养）。

［十八］響：~亮。响：同上。曏：同上（养）。蠁：肸~，感应也（养）。饟：~饮。享：同上。享旁字《说文》作亯（养）。饷：粮~，上声去声。

［十九］痒：痛~（养）。癢：同上。蛘：蚁名（养）。

［二十］养：~志（养）。也：语助词者也（马）。鞅：~掌，烦劳也（养）。怏：~~。泱：~~，水貌（养）。瀁：水广大（养）。

［廿一］［廿二］无字。

［廿三］两：二也，又斤~，两旁之字《说文》作网（养）。辆：车也。緉：双履曰~（养）。魉：魍~。

去声

［一］（姜）：去。

［二］（腔）：去。

［三］弶：～兽。襁：～衣，其亮切。（伥）：平声。

［四］酿：～酒（漾）。仰：俯～，又上声（漾）。

［五］至［十二］与庚韵同。

［十三］帐：布～，～簿（漾）。涨：水～（漾）。胀：腹～。酱：牆，～酒（漾）。将：大～，又平声，《说文》帅（漾）。嶂：岩～。障：保～（漾）。瘴：～气（漾）。抲：～篱，知亮切。张：供～之～，去声（漾）。

［十四］畅：～快（漾）。凹：匕～（漾）。倡：～首，韵止收平声。唱：～曲（漾）。韔：虎～，弓袋（漾）。怅：～望（漾）。怆：伤也，凄～（漾）。箸：笋～。□：骨～。创：伤也（漾）。

［十五］仗：仪～，又打～，又上声（漾）。

［十六］相：宰～，～貌，去声又平声（漾）。

［十七］让：讓，推～（漾）。上：～下，又上声。尚：加也（漾）。匠：工～（漾）。偿：平上去三声，还也（漾）。饟：饟也（漾）。攘：上声，又平，无去声。

［十八］向：朝也，对也，又姓（漾）。饷：粮～，上去二声。曏：昨日。向：嚮，同上。

［十九］样：樣，～子（漾）。□：水～拢（漾）。恙：无～（漾）。飏：颺，仁风，平去声。养：養，奉～（漾）。炀：暴也，又炙也，又平声（漾）。羕：长大也（漾）。瀁：大水也（漾）。

［二十］怏：去声，手窃取也。怏：～情，不乐也（漾）。妖：面青色，又音英。

［廿一］［廿二］无字。

［廿三］亮：明～（漾）。量：～度（漾）。谅：～到（漾）。两：车网（漾）。悢：怆～，悲也。緉：双屦（漾）。掠：夺也，又入声（漾）。

入声无字

皆韵

平声

［一］皆：俱也（佳）。喈：石～。阶：同上（佳）。喈：鸡声～～（佳）。

偕：伴也（佳）。间：中~（删）。艰：囏，~难（删）。监：監，~禁（咸）。
街：~路（佳）。奸：~盗（删）。姦：忠~（寒）。楷：模~，又音槛（佳）。
锴：~铅。脥：雄皆切，音咸皆双声。

　　[二]揩：~擦（佳）。豻：并木~，又音翰、愿、轩、岩（寒）（删）。悭：
~吝，读铿音，非（删）。嵌：镶~，又上声（咸）。锴：本音皆。

　　[三]唴：口~。衔：官~，又通唊（咸）。□：鹅鸭声。

　　[四]颜：面~（删）。研：研也。巖：大石（咸）。岩：同上俗。嵒：同上。
嵓：同上。睚：~眦，怒目视人。厓：珠厓，地名（佳）。喦：民~（咸）。豻：
野犬长七尺能食虎豹，又音揩干岸愿元员（寒）。崖：不和物也，又珠~，郡名，
乖~，人名（佳）。

　　[五]丹：红也（寒）。担：擔，~揭（覃）。箪：~食（寒）。单：單，~双（寒）。
瘅：~恶之~，去声；风~之~，平声（寒）。儋：同担，又~耳，今之端州（覃）。
殚：通作单，平上二声（寒）。

　　[六]滩：~潭，又去声（寒）。珊：坏~。坍：同上。摊：摆~（寒）。瘫：
~痪。驙：兽~、~田，去。疼：疲也，又音始（寒）。

　　[七]谈：~讲（覃）。痰：吐~（覃）。弹：~琴（寒）。檀：~香（寒）。
簟：大绳也。坛：壇，道~（寒）。谭：同谈（覃）。蟫：南~雨，~眼，本上声。
餤：进也（覃）。

　　[八]难：難，难易（寒）。拿：执也。拏：同上。那：~里，何处也，又
上声（歌）。挪：~移。（挪）（揄）：非挪揄，见挪字注。

　　那拿字官腔中亦有不读难音者，[廿三]音无属。

　　[九]班：一~（删）。斑：花~（删）。颁：分赐（删）。朌：同上，《说文》
顐。扳：手~。般：足足~~，足足，风也；~~，麟也，又音盘（删）。斒：~斓，
色杂而艳（删）。扳：~牢（删）。爸：瓯人呼父曰阿~，作平声，本上去二声。

　　[十]攀：手~（删）。扳：音班，又音攀。

　　[十一]排：~开（佳）。牌：~坊、~照（佳）。潭：撑~（佳）。箄：同上。
朌：柴~。蓵：~过。簰：粗属而有齿，又音板。俳：~优，又音徘（佳）。

　　[十二]蛮：蠻，~夷（删）。埋：~没（佳）。漫：大水，又去声。霾：云雾，
又去声（佳）。□：~转。慢：夜~~、弥~，又去声（寒）。曼：~~，路远也（寒）。

　　[十三]斋：齎，书~（佳）。咱：我也。□：姊也。□：头~~。□：滴
~~。

　　[十四]钗：金~（佳）。餐：~饭（寒）。差：~遣（佳）。搽：~杂，~粉，

~水（咸）。

[十五]残：~月、~岁，《说文》歼（寒）。巉：~岩（咸）。谗：~言（咸）。惭：耻也，同慙（覃）。渐：~~高也，《诗》~~之石，又流也，又音善、占、浙。孱：~弱（先）（删）。潺：水~~（先）（删）。湛：~恩之~，平声。侪：儕，朋~（佳）。儳：恶也（咸）。欃：~枪，彗星。

[十六]三：二~（覃）。山：~上（删）。珊：~瑚（寒）。删：删改。参：同三，又音心、村。叁：同上。衫：布~（咸）。杉：~树（咸）。芟：割也（咸）。潸：潸，~~，泪流（删）。姗：~~（寒）。跚：蹒~（寒）。讪：嘲~，又去声（删）。毵：~~，毛长。穇：所咁切，字典所载：茎三棱，结穗如龙爪，疑即涂中之咸草，咸、穇双声。

[十七]柴：~芝（佳）。豺：~狼（佳）。馋：饞，吞吃也（咸）。嘬：~~声。镵：~断（咸）。劖：同上，又上声（咸）。儳：不整也，又去声（咸）。

[十八]哈：大笑声。冇：俗字，字典无，谷中空也。秅：本音荒，空也，谷不实也，疑即冇谷，有字，冇、荒双声。

[十九]咸：皆也（咸）。瑊：石似玉，咸、真二音（咸）。鹹：~淡，今同咸（咸）。缄：封函（咸）。械：同上（咸）。函：圅，~书（覃）（咸）。涵：涵，~养（覃）。鞋：~袜（佳）。衡：平也，本音横，无（咸）音，同横（庚）。谐：諧，~和（佳）。闲：忙~（删）。閒：同上（删）。娴：~静（删）。鹇：白鹇（删）。骸：~骨（佳）。蕑：香草（庚）。諴：和也（咸）。痫：小儿猝惊仆不醒，口流涎沫，名曰发猪~，俗作解音，误。

[二十]挨：~保（佳）。谙：~练（覃）。闇：暗也（覃）。阴：陰~凉，又音膺（删）。殷：殷红，色也（删）。

[廿一]翻：~转（元）。飜：同上。幡：反也，~然（元）。旛：布~（元）。繙：缤~，风吹旗也（元）。番：《说文》竮，外国曰~。反：同翻，平反狱讼，又上声（元）。

[廿二]凡：凢，仙~（咸）。帆：~樯，又去声（咸）。矾：~白（元）。礬：同上（便）。樊：~笼（元）。蕃：~衍（元）。藩：~篱（元）。璠：~璵（元）。膰：~肉（元）。燔：燔烧也（元）。墦：冢墓（元）。繁：~多之~（元）韵，《说文》繇繁缨之~（寒）韵。蘩：苹~（元）。烦：~恼（元）。矾：鑫~（元）。

[廿三]兰：~蕙（寒）。阑：~干（寒）。栏：猪牛~（寒）。澜：波~（寒）。拦：~阻（寒）。斓：斑~（删）。蓝：青~（覃）。篮：菜~（覃）。岚：山~（覃）。襕：布~，俗作襴（寒）。谰：诡~、~言（寒）。槛：~楼（覃）。

皆母有拉字，又捵细之～，那里之那字，无所属。

上声

[一]简：～册，烦简（潜）。涧：山谷也。柬：～书（潜）。拣：～选（潜）。解：得～（蟹）。减：～少（赚）。碱：鹻，吃～水（赚）。硷：同上，便。

[二]槛：门～（赚）。楷：～模，又音皆。□：～牢。锴：锡属又音皆（蟹）。慨：～憎，相不安（赚）。轞：车声（赚）。

[三]顉：下～腮（感）。鬡：懒～。□：～牢。（颏）：音亥。

[四]眼：眼目瓯人曰眼睛子（潜）。騃：痴也，俗作獃音，非（蟹）。騛：击鼓（蟹）。骇：下槛切，音限，俗作入声，误，音眼亦误。

[五]膽：肝～（感）。胆：同上，俗。歹：好歺。担：手～拂也。□：舌～。亶：信也（旱）。癉：病也（旱）。瘅：同上，又平去声（哿）。姐：～己（马）。笪：姓也，又音榻、旦、塔、搭，诗韵止收入声（曷）。

[六]袒：～裼（旱）。坦：～腹、平坦（旱）。毯：毡～（感）。氎：同上。靼：柔皮。怛：～化，去入二声。□：手～开。襢：～裼、～中，俗作占，误。诞：～妄，音亶，圣诞（旱）。

[七]淡：咸～，《韵府》止收去平声。澹：同上，又去晏（感）。啖：饮～。憺：安也（感）。窞：坎中小坎（感）。糂：糜和也，又糁～也（感）。啿：丰厚（赚）。噉：食也，同啖（感）。菼：青白之草（感）。餤：饼也，同啖。萏：菡～。但：语助辞（旱）。蜑：南夷，又～两（旱）。萫：～藤，平声。禫：俗作平，非，大祥后一月，合二十七月（感）。掸：提持也。糝：谷～。糁：同上。

[八]乃：转语（贿）。迺：同上。嬭：乳也，瓯人谓女曰～（蟹）。鼐：鼎～（贿）。赧：愧而面赤也（潜）。戁：悚惧，又音善（旱）。那：无～，又平去二声（哿）。乳：音聚。

[九]版：解～（潜）。板：同上。舨：舢～，小船。摆：～出（蟹）。夏：反目也（《康熙字典》张目也）。捭：～阖，俗作平，误。阪：陂也（阮）。钣：金饼（潜）。鑔：掘也。（扳）：平声。

[十]扳：上

[十一]罢：罷，过罢，欲～不能，上声又去声（蟹）。鲅：部板切，比目鱼。

[十二]买：買，买卖（蟹）。挽：～回。挽：～歌，送死者。

[十三]斩：杀也（谦）。琖：大杯（潜）。盏：同上。□：～借。酁：四里地，又去声（旱）。醆：醈，酒～（潜）。

〔十四〕铲：～头。刬：～度，削平也（潸）。羴：羊相厕（潸）。弗：炙肉器（潸）。

〔十五〕赚：本音遣，俗作～折之～，音栈。屏：平声，同。湛：～露之～，平声；～恩之～，上声。蔫：同豸（蟹）。巉：～岩，又平声（赚）。瀺：鱼～，浮沉貌，又水声（赚）。

〔十六〕产：産，生～（潸）。灑：～线（马）（蟹）。洒：漼，同上，又同洗。纖：雨～（旱）。伞：同上，《诗韵》无此字。散：丸～，又去（旱）。潜：平上二音（删）（潸）。摻：挥～，又渔阳三摻，音寸（赚）。狻：犬吠（赚）。驶：～船，～马，音史（纸）。抄：本音匝，俗谓妇人罪刑曰抄指，音伞。

〔十七〕剗：～断，平上二音。（豸）：音纸，又音峙，俗作跳骤之骤，误。栈：仕限、助谏二切，今人作乍谏切误，姑从俗，双收之。嵌：才简切，又平声（感）。骤：士限切，兽跳走也。

〔十八〕蟹：螃蟹（蟹）。獬：～豸，斗米～（蟹）。喊：高叫（蟹）（感）。撼：～撞也，或读敢韵十八母（感）。冇：字书无，俗作谷秫之秫字用。瀣：海，渤～，地名（蟹）。

〔十九〕限：～日（潸）。菡：～萏（感）。俒：武毅之貌（潸）。憪：宽大（潸）。赚：～荳（赚）。骇：下楷切，惊～也，作额音，误（蟹）。懈：～怠，去声，音戒。

〔二十〕黯：暗也（赚）。闇：同上，又平声。矮：短人（蟹）。黤：暗也（赚）。鷃：本去声。晏：本去声，作上声，误。

〔廿一〕反：～覆（阮）。返：回也（阮）。

〔廿二〕晚：日晏曰～，晚饭曰喫黄昏，又迟也（阮）。范：姓（赚）。範：～子，简作范（赚）。犯：～上（赚）。饭：本上声，又去声（阮）。矕：视也（潸）。鋄：马首饰（赚）。笵：竹简（赚）。樊：平声，非上。

〔廿三〕览：覽，观也（感）。揽：帮～。懒：音赖，嫌恶也，去声。缆：舟索，去声。榄：橄～（感）。嬾：勤～（旱）。懶：同上，俗。□：流～。擥：流～（感）。舰：艦，舟也（赚）。

去声

〔一〕戒：三戒，戒旁字说文作弄（卦）。谏：～净（谏）。监：监～生（陷）。裓：～衣，又入声。廨：公～，作上声，非（卦）。懈：～怠（卦）。诫：告～（卦）。界：～至（卦）。届：节～，作入声，非（卦）。庎：～厨。扢：～置。

〔二〕阚：䁙，私看（陷）（勘）。䁙：同上（勘）。嵌：镶～，本平声又上声，诗韵无去声。觊：覬，成~，人名（谏）。䞉：以物予人，曰~你，本音蚶，去声。歛：同䞉，与敛异。欦：謦~（卦）。炊：火盛貌。

[三]馅：餡，饼中~物。□：~牙。

[四]鴈：雁，雁，鸿~（谏）。鷹：同上。挼：延缓也。睚：~眦，恨视。赝：作假乱真（谏）。犴：同豻、犴，~狱，又音、寒、干、牵、揩、愿、岸、念八音（谏）。

[五]带：帶，带，襟带（泰）。旦：天光（翰）。瘅：~恶之~，去声。怛：惨~之~，去声。懘：芥~，同蒂（卦）。擔：重~，又平（勘）。担：同上，俗。甔：大罌（勘）。妲：小~，又~己之~，上声。笪：筜也，蓆也，又音搭、揭、胆。

[六]太：~平（泰）。泰：蔡，安也（泰）。汰：删~，又入声（泰）。炭：~火（翰）。欸：~气，今作叹（翰）。嘆：同上。忲：奢侈（泰）。摊：摆~，又平声（翰）。

[七]大：~小（泰）。淡：澹，浓~（勘）。坦：地~，又音袒。惮：畏也（翰）。弹：~丸之~，去声（翰）。啖：噉，啖同，饮~（勘）。僤：~怒，厚怒也，又音善。汰：水也，又洗也，~布（泰）。軑：车辖（泰）。但：上声。顫：音荐。

[八]奈：~何、李~（泰）。柰：同上（个）（泰）。难：问難（翰）。滩：水奔处，又平声（翰）。鼐：鼎~（队）。那：~里，又平声，音奴（个）。

[九]拜：捧，~跪（卦）。扮：打~（谏）。绊：羁~（翰）。湃：澎~，水浪大（卦）（卦）。攀：~足。

[十]盼：顾~（谏）。瓣：花~（谏）。派：~分（卦）。鎃：同上。胖：音泮，官音若派，~柴。襻：钮~。脈：破也，入声。

[十一]办：辦，~事（谏）。败：胜~（卦）。粺：已舂米（卦）。稗：稊~（卦）。（帛）：上声无去。

[十二]迈：邁，走，紧~（卦）。卖：賣，卖买（卦）。曼：长也（愿）。蔓：藤~（愿）。缦：宽~，操~（谏）（翰）。漫：~漶不明（翰）。趱：快~。慢：轻~（谏）。罵：同上，《说文》骂。詈：咒詈，瓯人谓~人曰詈。卍：万字。劢：勉力（卦）。墁：涂饰墙也（翰）。谩：欺~（翰）（谏）。嫚：侮~（谏）。

[十三]赞：称~（翰）。讚：赞，铭~（翰）。债：钱~。濺：水~，又音荐（霁）。酇：四里五百家也，又上声（翰）。蘸：~酱油。纉：继也，音纂。漬：音自。

[十四]蔡：~龟（泰）。粲：积米（翰）。祭：~姓。讖：~咒（沁）。懺：~悔（陷）。忏：同上，俗。嘬：食也，蝇蚋~之（卦）。瘵：劳病（卦）。璨：璀~，玉光（翰）。蚕：蟥，~尾、蜂~也（卦）。劙：~头，又上（谏）。铲：同上。灿：燦，~烂（翰）。

[十五]栈：店~、~房，本音鐯，俗作此音。站：火车~。绽：~颜色（谏）。暂：~时（勘）。蹔：同上，又平声。谗：~言，又平声（陷）。有、冇：字书无此字，俗以谷实谓之~。赚：错也，事不是曰赚。

[十六]散：分~（翰）。帅：元~（寘）。曬：日~（寘）（卦）。晒：同上。讪：~谤（谏）。杀：~缝，又次也，又入（卦）。疝：~气俗非平声，非。霰：霰，雪~，作上声，非。栅：栅栏，又入声（谏）。铩：~翮，又入声。三：~以天下让（勘）。汕：鱼乘以上（谏）。

[十七]寨：立~（卦）。砦：同上（卦）。瘵：瘵瘦。栈：上去二音，俗作十五母，误。傪：不整也，又平声（陷）。眦：睚~，恨视也（卦）。輚：卧车也（谏）。镵：~断，又平（陷）。

[十八]狦：狗吠，瓯人曰狗~。憪：许戒切，怒也。

[十九]械：器~（卦）。邂：~逅。澥：沆~，天气也（队）（卦）。陷：~坑（陷）。薤：~葱（卦）。懈：音戒，俗作此音，误。嶭：入声。厄：困~，入声。

[二十]晏：日晏，俗作上声，误（谏）（翰）。隘：穷狭也（卦）。餲：饭不熟（卦）。喝：叱也（卦）。鷃：篱~（谏）。阸：阰，陋也。阰：音狎，塞也。

[廿一]泛：~舟，通汎。氾：~滥。汎：水汎起（陷）。贬：~卖。忔：惹也。酓：酒~起。

[廿二]万：萬，千万（愿）。饭：去上二音（愿）。帆：平去二音（陷）。梵：释也，又上声（陷）。

[廿三]赖：靠~（泰）。滥：氾~（勘）。烂：爛，灿~（翰）。癞：~头（泰）。籁：天~，俗作上声，非（泰）。缆：船索也，拔~（勘）。濑：滩也（泰）。澜：波~，又平声（翰）。懢：贪也（勘）。嬾：嫌恶也，与上声之懒异。

入声

[一]格：品~（陌）（药）。革：皮~，又~故（陌）。鬲：胶~（陌）。隔：~壁（陌）。翮：鸟羽（陌）。膈：胸~（陌）。甲：~胄，《说文》甲旁字作宁（洽）。胛：肩~（洽）。被：袈裟也（职）。鴶：鸭~，天将明鸣鸟，又名杜鹃（洽）。搚：刮，又箕舌也（洽）。鉀：铁~，今俱用甲（洽）。韐：韎~，皮蔽膝（洽）。夹：夾，夹牢（洽）。裌：~被（洽）。荚：草~（叶）。颊：齿~（叶）。蛱：~蝶（叶）。袷：单衣，同袂（洽）。筴：同策（洽）。郏：姓（洽）。觡：角骼（陌）。骼：骨也（陌）。（夏）（铗）俱音结。（恝）（届）：俱去声。

五十一、四十七都自甲胛以下，读如光韵入声。四十七都包括枫林、孤山，五十一都包括苍坡、垟头。

［二］客：主~（陌）。恰：~好（洽）。掐：指甲~（洽）。帢：帽也，嵒帢帕同（洽）。

［三］□：音唧，入声。□：喉鲠牢。□：手撲牢，曰~。□：坑~。

［四］额：頟，~头，瓯人谓~，曰~骷头（陌）。齾：缺~。齾：同上（曷）。骇：上声。

［五］搭：~股、~题（合）。褡：背~。嗒：~然若丧（合）。窞：口舌相击有声（味）。怛：~化之~，音搭，恐也（曷）。剳：削也，又击也（曷）。笪：竹，~篷，一~，又笞也（曷）。汰：删~，又去声（曷）。妲：~己。

［六］塔：寺~（合）。鰈：~鳗，比目鱼也。磋：~石。鞑：~靼，沙陀别种。徎：避也，~后。达：达也（曷）。獭：水~獺（曷）。羍：与幸异，羊也，《说文》牵。鞳：鞺~，钟声（合）。笪：乌~山在诸暨，音胆、旦、搭。蹉：滑~，跌也。榻：~床（合）。拓：同上，又音托。闒：~茸，下贱也（合）。溚：滑~（曷）。□：~饼。塌：矮也。遢：邋~。达：达，佻~，又达（曷）。熠。

［七］达：达，通~，《说文》達（曷）。哒：坦~，语不正也。踏：脚~（合）。闼：窔~（曷）。莌：活~，通草（曷）。

［八］捺：手~。

［九］百：千百（陌）。伯：叔~（陌）。柏：松~（陌）。迫：逼~（陌）。佰：二百。□：~佬。□：鞋~。檗：黄~（陌）。蘗：同上，与蘗异。

［十］魄：魂~（陌）（药）。珀：琥~（陌）。拍：~板（陌）。擘：巨~，大指也（陌）。脈：分也。霸：月~，与魄同，又音坝（陌）。

［十一］白：红~（陌）。帛：玉~，俗作去声，误（陌）。

［十二］麥：谷~（陌）。麦：俗同上。脉：血~（陌）。陌：阡~（陌）。霢：~霂，细雨也（陌）。脉：同脉，俗。貉：夷名（陌）。貘：或读莫（陌）。貉：同貊，又音落。狢：同貊。募：超越（陌）。

［十三］责：记~。嘖：争言（陌）。簀：床~（陌）。帻：头巾（陌）。札：文书（点）。劄：札，纸~，同上（洽）。紥：~缚。咱：咱，我也。擪：裂也。苴：彼~者葭（点）。咋：吐舌（陌）。窄：~狭（陌）。酢：油酢，酸涩也。摘：擿，~取（陌）。谪：謫，指~（陌）。喋：諜，~舌，~~，大声（陌）。赜：探~幽深（陌）。蚱：小蝉（点）。柞：芟柞（陌）（药）。胳：腋下曰臑~下。

[十四]察: 查~（黠）。擦: 揩~。策: 简~（陌）。筞: 同上。插: ~花、~田（洽）。册: 书~（陌）。卅: 三十也（合）。锸: 田器（洽）。𥺋: ~米，或作𥺎，韵书止有锸。栅: 册、晒二音，~栏（陌）。扱: ~衣衽于带（洽）。皲: 面手~裂。刹: 僧寺（黠）。墋: 甲~（陌）。坼: 同上。眨: 目动（洽）。腊: 即闸字（洽）。

[十五]宅: 佳~（陌）。泽: 澤，恩泽。又音释，《诗》其耕~~。又音释，格~，星名。又音醳，《礼》旧~之酒（陌）。

[十六]杀: 殺，生~（黠）。煞: 神~。霎: ~时，片刻也（叶）。翣: 羽扇，障扇（洽）。颯: ~~风声。萨: 菩~，佛称（曷）。铩: ~翮，又去声（点）。索: ~隐（陌）。索: 同上，绳~。摋: 萧~，~~响（陌）。歃: ~血（洽）。啑: 鸟食（洽）。箑: 扇也（洽）。愬: 《易》履虎~~，终吉。惊惧貌，又音诉（陌）。𢶍: ~起，以物垫平也。

杀字以下八母，四十七八都腔在光韵入声。

[十七]闸: ~水，同腊（洽）。炠: 炠熟《说文》。磼: 铜~刀（陌）。煠: 煤，汤~。

[十八]赫: 显~（陌）。吓: 嚇，恐~（陌）。呷: ~酒（洽）。瞎: ~眼（黠）。□: 肚~，饿也。評: 人~七~八，言不实。儑: 儑~，健貌（黠）。（撖）: 本音酣，上声，此误。郝: 姓，火酷切，俗作此音，误。

[十九]狭: 彻也（叶）。峡: 过~（洽）。匣: 剑~（洽）。柙: 栏也（洽）。祫: 祭名（洽）。狎: ~暱（洽）。浃: 彻也（叶）。洽: 相~（洽）。恰: 喜也（洽）。覈: ~过。~实，与核通（屑）。硖: 石~（洽）。

[二十]押: 管~，花~（洽）。鸭: 鸡~（洽）。軋: 牛~（陌）。压: 壓，~倒（洽）。辖: 投~（黠）。厄: 戹，困~（陌）。呝: ~逆。揠: 拔也（黠）。搤: 捺也，从手搦喉曰~役（陌）。厌: 厭，同压，又去声（叶）。轧: 车声，又磨~（叶）。辇: 即辖字（黠）。圔: 骆驼鸣声（黠）字亦见日本江户时代的《徒杠字汇》（1860卷6）。阸: 危也（陌）。哑: ~~，笑也，又上声（陌）。

[廿一][廿二]无字。

[廿三]腊: 臘，~月（合）。蜡: 蠟，~烛（合）。囖: 嚼骨声。鬣: 马~（叶）。齛: ~~响。応: 屋声。斡: ~旋。磖: 磨也，本上声，俗言似入，~出。攊: 拉~，木摧伤也（叶）。躐: ~等，跳也（合）。辣: 苦~（曷）。拉: ~人（合）。剌: 跋~，鱼跃声；拨~，鸟飞声；又音次（合）。礚: 破物声。颲: 风声（合）。喇: ~嘛僧。猎: 音列。

迦韵

平声

［一］迦：释～，鸡三切【tɕia】（歌）。

［二］佉：佛名。呿：张口也，《说文》去旁字皆作厺。

［三］伽：～蓝，神名，又音加。俗音其歌切［go］（歌）。

［四］尧：尧，四十七八九至五十一等都读在此韵［n̠ia31］，敝地在骄韵四母［n̠iə31］。

［五］［六］［七］［八］［九］［十］［十一］［十二］俱无字。

［十三］勺：平声，小耳朵过声～。

［十四］超：～出（萧）。锹：饭～（萧）。

［十五］着：平声。□：～起，耸也。

［十六］箫：箫，～管（萧）。

［十七］噍：平声。

［十八］下：官音平声。

［十九］鞋：官音。

［二十］吓。

［廿一］［廿二］［廿三］与皆韵同。

上声

［一］［二］［三］无字。

［四］袅：～～。

［五］［六］［七］［八］［九］［十］［十一］［十二］［十三］［十四］［十五］无字。

［十六］芍：其～。□：四十七八等都作此音。

其余俱无字。

去声

惟十四母。□：鹊去声［tɕʻia51］，糙也，十八母下字官音。余俱无字。

入声

［一］脚：手～（药）。蹻：～～，小人得志貌，又屦也，蹻～担簦，又音跷、

－ 054 －

乔、矫、谯、犥（药）。

　　［二］却：卻，推～（陌）（药）。郤：姓。躩：疾行（药）。隙：洞也，
郤（陌）。隟：同上。

　　［三］屩：草屦（药）。醵：合钱饮酒，又平去二音（药）。蹻：同屩（药）。
臄：口上阿也。噱：大哭，喔～（药）。□：展断也。

　　［四］箬：粽～（药）。搦：手～（觉）。拏：同上。捏：揑，～造（屑）。
虐：暴～（药）。疟：瘧，半日病（药）。捻：本音热，俗作此音。

　　［五］［六］［七］［八］［九］［十］［十一］［十二］此八母与格韵同。

　　［十三］勺：～合（药）。爵：醮，官～（药）。雀：本音勺，读作鹊，误（药）。
酌：～酒（药）。着：～衣（药）。斫：～树（药）。灼：～艾（药）。稻：夏～，
麦也（觉）。穛：早稻（觉）。禚：地名，会齐侯于～（药）。妁：媒～（药）。
彴：桥也（药）。缴：矰～，之若切（药）。燋：火未然也（药）。皭：～～，洁
白也（药）。斮：斫也（药）。爝：光也。

　　［十四］鹊：喜～（药）。籊：畚～。隙：郤，空～（陌）。绰：宽～（药）。焯：
明也，又音卓（药）。碏：敬也，石～（药）。踔：跳也（觉）。敥：皴～（药）。
躇：～阶而走，超也（药）。臭：同龟，兽也（药）。逴：行貌（药）。婼：不顺，
又叔孙～（药）。皵：皴也。雀：音勺。

　　［十五］着：～实。著：同上，又音勺、注（药）（觉）。燋：火～。爑：同上。
淖：～约如处子，又音闹。

　　［十六］削：刀～（药）。铄：鑠，消～（药）。烁：爍，火～（药）。砾：
礫，瓦～。屑：风～，音设（屑）。

　　［十七］若：起语，兰～之～，音社（药）。芍：～药（药）。杓：铜～，
又音标（药）。嚼：大小吃也，《说文》（药）。弱：强～（药）。潥：瀺～，
水涡也（药）。汋：激水声（药）（觉）。蒻：荷初生萌（药）。

　　［十八］谑：戏～（药）。躇：杜～，蹰也，又音跷、乔、矫、脚、犥（药）。

　　［十九］藥：医～（药）。药：俗作同上，本音约，白芷也（觉）。敫：龙～，
光景流也。跃：鱼～（药）。瀹：焫也，同爚。爚：火光（药）。籥：管～（药）。
钥：锁匙（药）。鸑：同瀹（药）。龠：十～为合，十合为升（药）。禴：～祀。
礿：同上（药）。

　　［二十］约：相（药）。药：白芷（药）。

　　［廿一］［廿二］无字。

　　［廿三］畧：大～。略：同上（药）。掠：～刷（药）。碧：利也（药）。蟓：

－ 055 －

蟲~，蜉蝣（药）。蝥：同上（药）。

关韵

平声

[一]关：闗，开~（删）。鰥：鰥~夫，俗作去，误（删）。纶：~巾，与音伦异（删）。乖：~舛（佳）。

[二]宽：~紧（寒）。髋：两股间也，本音坤（寒）。

[三]罐：牛角~下。趱：巨班切，行伛也。

[四]顽：戏~（删）。

[五]至[十七]与皆韵同。

[十八]豁：平声。□：煨~。

[十九]环：環，连~（删）。还：還，~归（删）。寰：~区（删）。怀：懷，~抱，《说文》裛（佳）。鬟：丫~（删）。镮：鐶，门~（删）。圜：~丘（删）。阛：~闤，市，店门（删）。瘝：痌~，痌瘝在抱（删）。槐：~花（灰）（佳）。淮：江~（佳）。儇：~薄（先）。擐：贯也，又去声（删）。患：祸~，又去声（删）。（嬛）：音欢，又音穷（光）。

[二十]湾：灣，水~（删）。弯：彎，~弓（删）。塆：壪，仙~。歪：歪，《说文》㖞。

[廿一][廿二][廿三]与皆韵同。

上声

[一]拐：~子（蟹）。枴：~杖。

[二]无字。

[三]乖：字书无，俗杜撰。注：见《康熙字典》。

[四]无字。

[五]至[十七]与皆韵上声同。

[十八]（豁）上声。□：手~。

[十九]（怀）上声。皖：户版切，铣刀也，明星，又音完。

[二十]莞：~尔而笑（潸）。绾：贯也、系也（潸）。睆：星明也（潸）。暽：大目也（潸）。掐：手抓取也，又入声。挖：入声。穵：入声。

[廿一][廿二][廿三]与简韵同。

去声

[一]怪：奇~（卦）。惯：久~（谏）。乖：~戾，平声。卝：总角（谏）。
卝：音矿。

[二]快：悒，畅~、~活（卦）。夬：芰，~卦（卦）。蒯：姓，《说文》
蒇。哙：咽也，又肿~，虚浮貌（卦）。刬：斫也，俗字。

[三]乪：字书无，俗作上去二音。襊：求患切，亦音蕝，衣襟带也。纉：
求患切，亦音蕝，衣~也，绳圈。鬟：巨班切，音攡，与上二字相矛盾。

[四]外：内~（奉）。瞆：聋也（卦）。

[五]至[十七]与皆韵去声同。

[十八]□：纬患切，音豁去声。

[十九]患：难（谏）。坏：壤，败斁（卦）。豢：养也（谏）。宦：官~（谏）。
幻：变~（谏）。换：换，更~。漶：漫~也，模糊也（翰）。轘：车裂人（谏）。
擐：擐甲胄（谏）。

[二十]绾：~授，系也，又上声（谏）。挛：~手。捥：手~，同挛。腕：
同上。

[廿一][廿二][廿三]与戒韵同。

入声

[一]刮：刀刮，《说文》刮音之字作昏，舌音之字作舌（黠）。适：遥，
南宫~（曷）。括：搜括（曷）。聒：聒，耳吵也（曷）。虢：地名（陌）。馘：
割耳罪（陌）。撮：~取（药）。栝：榛栝，赤心柏，同桧（曷）。苦：~蒌：活：
~~，水流也（曷）。镢：大锄（药）。玃：大猿（药）。筈：箭~，受弦处（曷）。
揭：膺~，箕口向膺，示敬（黠）。

[二]阔：~狭（曷）。

[三]趵：足长也。□：~底响。

[四]袺：女刮带襦。

[五]至[十七]与皆韵入声同。

[十八]豁：开~（曷）。刐：破声（陌）。瀎：~~，水声（曷）。者：皮
骨相离声（陌）（锡）。

[十九]或：~人（职）。画：点~（陌）。划：~一，刀~。活：活，死~
（曷）。滑：或、骨二音（黠）。猾：奸~（黠）。获：得也（陌）。铧：~麦（黠）。

蚏：蟚～，小蟹（月）。蝟：同上（黠）。媼：媕～，静好貌（陌）。嚍：～～叫也（陌）。

［二十］挖：手爪～，乌枯切。斡：转旋也（曷）。嗗：饮声（黠）。眍：掯目也。穵：乌黠切，掊深也。斛：已量，～出。掯：手掊也，又上声。

［廿一］［廿二］［廿三］与格韵同。

光韵

平声

［一］光：～明，《说文》炗（阳）。洸：水光也。江：官音读若姜（江）。缸：～钵（江）。釭：银～（江）。扛：抬也（江）。矼：聚石渡水（江）。杠：桥也（江）。膭：床～。亢：陈～之～，平声；角～之～，去声（阳）。轇：～轕（肴）。窌：深室（肴）。姣：～好，又上声（肴）。鸡：～青。咬：～～，鸟声（肴）。胱：膀～，小肚也（阳）。交：官音若骄（肴）。茭：笋（肴）。蛟：～龙（肴）。鲛：～纱，鲛人（肴）。郊：～野（肴）。艽：秦～，药名。教：莫～，使也，又去声（肴）。胶：鱼～（肴）。冈：罔，官音若皆，今简作冈（阳）。岗：山～，同上。刚：～强（阳）。纲：纪～，三～（阳）。玒：玉名。罡：天～。佼：好也，又上声（肴）。茳：香草（江）。豇：～荳，即更荳（江）。筊：音肴。

［二］康：～强（阳）。穅：谷壳（阳）。糠：同上，俗。敲：击也（肴）。僗：盛也（肴）。硗：肥～，瘠也。墝：同上（肴）。跫：～～，蹋地声（江）。吭：音黄（阳）。螯：蟹钳也，本音敖，俗作康音，误。

［三］□：～牢，渠黄切，俗谓妨上，曰上～。

［四］昂：高也（阳）。卬：仰也。棉：櫓放～也。怓：心乱也（肴）。

［五］当：當，～然（阳）。档：树～。桩：浆～，篱～，俗音春、锺俱非（江）。珰：金～，丁～，响也（阳）。裆：裤～（阳）。筜：筼～，竹名（阳）。铛：油～（阳）。挡：孄也，去声。

［六］汤：湯，水（阳）。他：～人，《说文》它。佗：同上，古文他字，《诗》韵有佗无他（歌）。摥：推也，构～。

［七］堂：中～（阳）。塘：池～（阳）。唐：～虞（阳）。餹：饴～，～霜（阳）。糖：同上，俗。棠：～梨（阳）。□：癞～。傏：～偿（阳）。镗：鼓～，又音汤（阳）。砀：芒～山，又去声（阳）。溏：便～（阳）。螗：～螂（阳）。螳：～蜋（阳）。搪：～突（阳）。

［八］囊：～橐（阳）。挠：～屈，又去声（豪）。铙：～钹（肴）。硇：～砂（肴）。譊：～～多言（肴）。峣：嶢，音尧。呶：喧也。

［九］邦：邫，～国（江）。帮：～办。幇：同上。梆：敲～（江）。包：～裹（肴）。胞：同～，又音脬（肴）。咆：～哮。勹：裹也（肴）。

［十］抛：～弃（肴）。脬：尿～，同胞（肴）。滂：作旁音，非（阳）。炮：～烙（肴）。泡：水～、～影之～，平声（肴）。跑：虎～，又上声（肴）。

［十一］旁：～之字，《说文》皆作旁（阳）。傍：偏～（阳）。徬：～徨，又作彷（阳）。螃：～蟹（阳）。苞：～箪，笋鞴（肴）。庖：～厨（肴）。匏：～瓜（肴）。搒：～掠（庚）。尨：小犬也（江）。磅：十二两（阳）。逄：～蒙（江）。妨：神女（江）。刨：～刮（肴）。厖：敦～（江）。庞：面～（江）。镑：刮也。膀：～胱（阳）。刨：削也，刮也，同匏。哤：语杂乱也（江）。鉋：～刮（肴）。霶：霈～（阳）。牻：牛～，音榜。榜：～人，撑船人，去声。

［十二］忙：怆闲（阳）。茫：洸然（阳）。釯：锋～（阳）。芒：～菅（阳）。茅：～草（肴）。矛：戈～（尤）。猫：虎曰大猫（萧）。貓：同上。牦：髦牛（肴）。锚：铁～，船中用，或作鏻。喵：美也（肴）。邙：北～（阳）。句：士～，音盖。

［十三］庄：莊，～重（阳）。臧：～，善也（阳）。藏：成也。赃：臓，贼～，贪～（阳）。賍：同上。抓：～痒（肴）。装：衣～（阳）。

［十四］仓：倉，～库（阳）。苍：碧色也（阳）。沧：水名（阳）。怆：凄～（阳）。抄：～书。钞：同上，又去声（肴）。跄：趋～（阳）。鸧：～鹒（阳）。剿：～家，又音爪。糭：种也，又去声（江）。

［十五］桃：直交切，禾稼生。藏：官腔属此音。

［十六］桑：～叶（阳）。梢：树～，长～（肴）。捎：～转（肴）。筲：～箕（肴）。弰：弓～（肴）。顙：顙，颡～（灰）。腮：口颔。鳃：仝上，鱼～，俗语作西。鬖：多须也（灰）。鞘：鞭～，与啸韵刀～之～异（肴）。丧：殡，～枢（阳）。捎：小偷（阳）。裧：衣～（肴）。

［十七］藏：行～，《说文》臧（阳）。巢：鸟巢，窠也（肴）。憔：～悴（萧）。勦：劳也，又轻捷（肴）。樵：入骄韵。轈：兵车（肴）。譙：代人说（肴）。樔：守草庐（肴）。繰：音搔，～丝。

［十八］荒：～疏（阳）。慌：～忙，上声。肓：膏肓（阳）。哮：～喘（肴）。虓：～虎（肴）。烋：烋～，又美也（肴）。嗃：～誉（肴）。庨：屋高大（肴）。肮：视也（江）（同粤语，探头望）。衁：～血（肴）。胱：膀～，本音光。詤：梦言也。𬄡：～矢，矢鸣声。

[十九]黄：官音若淮（阳）。皇：~上（阳）。惶：~恐（阳）。遑：暇也（阳）。桁：~杨，又去（阳）。行：周~，行路之行，在庚韵（阳）。杭：~州（阳）。航：~船（阳）。沆：深也，又~瀣，上声。凰：凤~（阳）。吭：喉也，又上声（阳）。煌：~~、辉~（阳）。簧：笙~（阳）。徨：徬~（阳）。爻：卦~（肴）。肴：嘉~，（肴）。殽：~馔。崤：~函（肴）。降：伏也，音阳（江）。颃：颉~（阳）。珩：白~（庚）。肴：痛声（肴）。隍：城~（阳）。篁：幽~（阳）。璜：钧~（阳）。蝗：~虫（阳）。潢：天~，又去（阳）。湟：水名（阳）。喤：小儿哭声（庚）（阳）。锽：钟鼓声（庚）。校：《礼》夫人荐豆执~，又上。

[二十]汪：官音若湾，《说文》淫（阳）。尪：瘦也（阳）。坳：山~（肴）。凹：低也，又音洼。吷：叫也。詨：同上，又谤语（肴）。顝：同凹（肴）。眶：眼泪~。

[廿一]方：四方（阳）。坊：牌~（阳）。汸：~水。妨：不~，又去声（阳）。枋：木也，门~（阳）。芳：~香（阳）。肪：油也（阳）。祊：宗~，《说文》鬃（庚）。匚：受物器。

[廿二]防：闲~（阳）。房：~屋（阳）。亡：死亡（阳）。望：《说文》望，平去二音（阳）。忘：~记，平去二音（阳）。鲂：~鱼（阳）。

[廿三]郎：~中，~良旁之字，皆作㫄（阳）。廊：轩也（阳）。狼：~虎（阳）。琅：~琊（阳）。榔：梻~（阳）。浪：~沧（阳）。琅：琳~（阳）。螂：蟷~（阳）。踉：~跄（阳）。稂：~莠（阳）。锒：~铛（阳）。朗：~~声，又上声。㫚：~燥。

上声

[一]讲：講，~究（讲）。较：比~，去入二音。皎：~洁（篠）。校：《周礼》释之不~，又音杭、效、项。姣：好也（巧）。狡：~猾（巧）。绞：~纱（巧）。广：廣，~大（养）。佼：好也（巧）。港：溪港（讲）。铰：~剪（巧）。筊：小箫，又竹缆，又平声（巧）。犷：獷，强~（养）。

[二]巧：官音若窍，上声（巧）。慷：~慨（养）。忼：同上。

[三]□：麦~。水：俗以此为~水之~，字书无。㿦：稻麦~，本平声，陌也。

[四]齩：口~（巧）。咬：口~，本音交、淫声，俗作齩，非。

[五]党：黨，乡~（养）。欓：~木（养）。攩：阻~。挡：同党。挡：平声又去声。（挡）：平声。

[六]铛：~叉，俗。帑：公~（养）。□：水出~。倘：苟也。傥：倜~，又同倘（养）。谠：~论，直言（养）。

［七］荡：盪，～口，去上二音（养）。崵：芒～山（养）。簜：篠～，篠可为箫，～可为笛（养）。荡：蕩，大也，～～乎，字典无去声，诗韵有去。宕：本去声，作上声，非。

　　［八］挠：手～，平上二音（巧）。曩：～日（养）。灢：泱～，水不净也（养）。

　　［九］饱：安～（巧）。榜：金榜，又音旁（养）。绑：～捆。牓：同榜。牻：牛～子，俗作旁音，误，又音鲍（养）。

　　［十］髈：脚～。跑：平入二声无上声。

　　［十一］棒：拳～（讲）。棓：同上。鲍：～鱼，腌鱼（巧）。稖：钁器，耙属（讲）。牻：牛～子（养）。疱：汤起～，音砲。

　　［十二］网：～罗（养）。卯：寅卯（巧）。昴：昴星，又音留（巧）。莽：莽，～草，卤～（养）（虞）。蟒：蟒，～蛇（养）。惘：失意也（养）。茆：～草，莼菜，韵书止柳音。泖：三～（巧）。媌：好也，又平声（巧）。漭：水大，洪～（养）。

　　［十三］爪：～甲（巧）。找：～价，～赎。剿：剿，公～，又音抄。驵：会马市（养）。䏱：肮～，肥也（养）。笊：～篱，本音去声。

　　［十四］炒：煎～（巧）。熘：同上。煼：同炒。吵：～闹。苍：莽～之～，上声，～色之～，平声（养）。

　　［十五］□：凡物私换曰～。

　　［十六］耍：～快，字典在而部。磢：杜～（养）。稍：略可也，又去声，韵府止去声。額：额也（养）。

　　［十七］奘：元～，唐僧。又大也（养）。

　　［十八］恍：～惚。滉：～漾，水深也（养）。晃：日光（养）。晄：同上。谎：詤，同诳，又平声。榥：书床（养）。怳：同恍，～忽（养）。慌：～忙（养）。晄：旱热（养）。诳：说～，去声。

　　［十九］项：各～（讲）。幌：帷幔（养）。吭：喉也，又平声（养）。缿：受钱器，好官设之，以俟投词。肮：～脏，肥胖也（养）。沆：～瀣，雾气，又平（养）。魧：气，容貌，慕容～（养）。校：几下横木为足者，《周礼》拂几授～。

　　［二十］盎：曲也（养）。□：湿也。拗：手～断，又去声（巧）。块：尘埃（养）。

　　［廿一］纺：～花（养）。仿：～古（养）。彷：～彿（养）。㠱：覆也（肿）。昉：明也（养）。放：同倣，又去声（养）。瓬：瓦人（养）。访：去声。舫：去声。

［廿二］罔：狂～（养）。魍：～魉（养）。妄：去声。

［廿三］朗：清～（养）。榔：桄～之～，平声，桄～之～，上声（养）。
光韵有朗朗声之朗，与瓯人猫儿之猫，无所属。

去声

［一］教：教，～训（效）。酵：发～（效）。降：～落（绛）。峰：山～。
绛：红也（绛）。窖：地～，俗言若第二母（效）。珓：～杯，俗作筊、筶，误。
恔：快也（效）。筶：字典无此。筊：音肴，索也。胶：～～，多言（效）。较：
～琴，又考～，又音角（效）。浇：洪水（绛）。校：考～、～对、比～、犯而不～，
音教；又学～、～尉，音效；《周礼》释之不校，音讲；《礼荐》豆执～，平声；
又音项（效）（绛）。

［二］圹：壙，～野（漾）。旷：～远（漾）。扩：充～，音鞟角（绛）。
纩：细～，细绵（漾）。絖：同上。伉：～俪（漾）。炕：～床（漾）。匟：～床，
坐床也。吭：喉也，又音肴（漾）。磏：肥～，诗韵有～无硗，又平（效）。硗：
同上。抗：～礼、～疏（漾）。亢：角～，又高也，又陈～，音交（漾）。广：廣，
三～，又音讲（漾）。闶：～閬，门高（漾）。颃：咽～。慷：上声。矿：音梗。
园：藏～。

［三］□：腐～。□：打～。

［四］（昂）：去声。

［五］当：當，～店，又平（漾）。挡：摒～，料理也（漾）。

［六］汤：火～（漾）。趟：轮船一次曰一～。

［七］荡：～～，字典徒朗切，无去声（漾）。盪：～舟（漾）。砀：芒～（漾）。
宕：雁～（漾）。踼：跌～（漾）。（瞠）：音撑，～乎后。

［八］闹：吵～（效）。挠：阻～、肤～，又平上声（效）。桡：～棹，～挠通（效）。
淖：泥～，又音鹊（效）。曩：上声，无去声。掉：钟微薄则声～，又音掉。

［九］豹：～虎（效）。谤：～讪（漾）。貀：飞鼠能食虎豹（效）。爆：火～（效）。
傲：直史官（效）。榜：～人，船夫也（敬）。

［十］礮：炮，枪～（效）。泡：汤～，又平声。疱：水～（效）。胖：肿也，
又音捧平，黄～。窌：窖也（效）。爆：音豹、博二音。

［十一］傍：傊，倚～（漾）。刨：木～。铇：同上。搒：船一停（漾）。

［十二］貌：相～儿（效）。望：～戏，本［廿二］母［十一］腔似［十二］
母（漾）。

［十三］壮：~年（漾）。罩：~牢（效）。葬：葬，~丧（漾）。脏：髒，肮~，上声。篁：桌~，字典无（按：喃字，越南语：giậu）。趠：越也。笊：~篱（效）。奘：音藏，上声，又扑灭也。

［十四］创：創，~造（漾）。刱：同上。钞：钱~，平去二音（效）。棹：~棍，牛~栏。耖：~田。稄：不耕而种（绛）。踔：越也（效）。眇：~田。

［十五］櫂：桨也，桡櫂（效）。棹：同上，又音卓。□：换物曰~。

［十六］啸：啸~，傲啸。歗：同上。丧：死亡也，又平声（漾）。哨：~官，巡~（啸）。稍：~可，略也。又上声（效）。

［十七］脏：臟，五~（效）。藏：西~，又平声（漾）。

［十八］孝：忠~（效）。嗃：大呼（效）。皝：音项。

［十九］旺：生~（漾）。巷：衖，路~（绛）。衖：䣈，同上。鄉：同上。效：~法（效）。傚：仿也（效）。敩：同效（效）。筊：~竿。校：学~、~人、校尉俱此音（效）。桁：衣架，又音行（漾）。潢：装~，又平声（漾）。恔：快也。

［二十］拗：~水、执~，又上（效）。盎：上、去二音（漾）。袎：袜~（效）。靿：锦~，杨贵妃袜（效）。醠：浊酒（漾）。迋：往也（漾）。

［廿一］放：~出（漾）。访：采~（漾）。舫：画~（漾）。妨：~碍，又平（漾）。仿：上声。

［廿二］望：平去二音，朔望，期~（漾）。忘：平去二音（漾）。妄：虚~，狂~（漾）。防：~守，又平声（漾）。

［廿三］浪：波~（漾）。眼：丽~。阆：~中，~苑（漾）。

入声

四十七八等都作此音【□】。

［一］夹：音光，上声。劀：格八切，劲也。

［二］搯：指甲~。

［三］□：巨八切，坑~。

［四］齾：缺~。齾：同上。

［五］搭：音当，入声。

［六］塔：音汤，入声。

［七］达：達，音堂，入声。

［八］捺：音闹，入声［nɔ323］。以上自［一］至［八］母、

四十七八九、五十一各都作此韵。

[九]八：~九（點）。捌：今亦作此八字用，《说文》捌。

[十]脖：入声。

[十一]拔：手~（曷）。袚：~除，此字本音拂，又音废，俗作拔，非。跋：~涉（曷）。芨：舍也，召伯所~。菝：~葜，即献米刺，其根可以染青（點）。

[十二]袜：鞋~，空喯似伐（月）。

[十三]至[二十]母四十七八都作此韵。在皆韵入声。

[廿一]法：灋，~则（洽）。髪：发，须~，~曰头毛（月）。發：发，奋~（月）。

[廿二]伐：征~（月）。罚：刑~（月）。乏：贫~，无也（洽）。筏：簰也（月）。阀：~阅，官职也（月）。

[廿三]浪母四十七八九、五十一等都有此音入声。在皆韵入声。

恭韵

平声

[一]恭：谦~（冬）。供：口~（冬）。龚：龔，姓（冬）。共：~叔父，去声。上四字官音皆读若公。蛩：蟋蟀也，又音穷（冬）。

[二]匡：匚，~救，官音康（阳）。勖：~勤（阳）。眶：眼~（阳）。框：桌~。蛩：秋~（冬）。筐：竹篋也（阳）。

[三]狂：狉，伴~（阳）。□：树~。

[四]浓：濃，~淡（冬）。

[五][六][七][八][九][十][十一][十二]与光韵同。

[十三]锺：~英（冬）。钟：鐘，~鼓（冬）。妆：~奁（阳）。粧：~扮，俗妆字。庄：村~，字典无此字，音彭。

[十四]窗：囱，~门（江）。窓：同上。牕：同上。疮：~疡，诗韵无。创：同疮（阳）。

[十五]撞：~钟，又去声（江）。重：~~，又上声（冬）。幢：旌~（江）。橦：缘~，击棒也（江）。

[十六]双：雙，一~（江）。霜：~雪（阳）。孀：~妇（阳）。艭：画~（江）。骦：骕~（阳）。慒：惧也，又上声（江）。

[十七]從：从，~违（冬）。牀：眠~（阳）。床：同上，便。

〔十八〕胸：~膛，官音若兄（冬）。膏：同上。凶：吉（冬）。兇：同上（冬）。汹：水涌。匈：同膏（冬）。酗：~酒，音煦。

〔十九〕王：君~，官音若淮（汤）。

〔二十〕痈：癕，~疽（冬）。

〔廿一〕〔廿二〕〔廿三〕与光韵同。

上声

〔一〕拱：~把，~手（肿）。栱：斗~（肿）。珙：璧也（肿）。蛬：蟋蟀，又平声。拲：两手共械（肿）。

〔二〕恐：~惧，又去声（肿）。巩：鞏，~固（肿）。

〔三〕〔四〕无字。

〔五〕至〔十二〕与光韵同。

〔十三〕肿：腫，~痛（肿）。踵：脚~（肿）。种：谷麦~，又去声（肿）。湩：乳~（肿）。冢：坟也，大也（肿）。尰：足病（肿）。

〔十四〕闯：丑景切，俗作此音。

〔十五〕重：轻~（肿）。

〔十六〕爽：~快（养）。搡：傸，~听（肿）。惢：~愿。悚：恐也（肿）。竦：敬也（肿）。颡：额也（养）。磉：洗物（养）。縔：桥中绞绳（养）。

〔十七〕□：聚爽切。

〔十八〕汹：潮声（肿）。讻：讻，~~众言（肿）。怳：失意也，又音恍（养）。

〔十九〕勇：知~（肿）。往：徍，~来（肿）。湧：水~，同涌。

〔二十〕甬：~道（肿）。踊：~跃（肿）。俑：作~（肿）。慂：怂~（肿）。涌：~出（肿）。枱：桷，冤~（养）。

〔廿一〕〔廿二〕〔廿三〕与光韵同。

去声

〔一〕供：~养（宋）。

〔二〕恐：~惧（宋）。

〔三〕共：相~（宋）。

〔四〕〔五〕〔六〕〔七〕〔八〕〔九〕〔十〕〔十一〕〔十二〕与教韵同。

〔十三〕肿：去声。□：俗以肥为~。纵：放~（宋）。种：播~（宋）。

〔十四〕截：~船船牢（绛）。踵：脚~，又踏也。闯：俗谓相遇曰~着，本丑禁切。

　　［十五］撞：撞~，平去，~钟（绛）。重：~起（宋）。幢：平去二音（绛）。憧：~~，凶顽（绛）。艟：短船（绛）。

　　［十六］（双）去声。

　　［十七］状：~头（漾）。颂：~诗（宋）。诵：~读（宋）。从：待~（宋）。讼：听~（宋）。漴：水~去（绛）。

　　［十八］况：矧也，又比~（漾）。况：水名。贶：赐也（漾）。

　　［十九］用：行~（宋）。王：~天下（漾）。

　　［二十］瓮：本音蕴，俗语似此，粪曰~田。

　　［廿一］［廿二］［廿三］与光韵同。

卷
二

【角音八韵】

哥（居俄切）鞾（居玉切）姑菊甘官高骄

哥韵

平声

[一]哥：瓯人呼兄曰阿~（歌）。加：增~（麻）。枷：刑具（歌）（麻）。箍：胡~（麻）。袈：~裟。痂：~疮（麻）。珈：妇女首饰（麻）。嘉：善也。葭：蒹~，芦荻类（麻）。跏：趺~，盘腿坐也（麻）。猳：雄猪（麻）。佳：好也（麻）。瓜：~果（麻）。娃：本于佳切，又音基（麻）（佳）。騧：騧，古华切，马名（麻）（佳）。家：~门（麻）。（瘕）：音假。（瓠）：音护。

[二]柯：斧柯（歌）。珂：玉佩（歌）。轲：孟子讳（歌）。岢：岢~，地名（哥）。疴：病也（歌）。刻：刻也（虞）。夸：大言（麻）。跨：坐也，平去二声。姱：奢也（麻）。坷：坎~，又上声（歌）。苛：寒哥切，本音柯，又音呵，又音下，今俗都作柯音，姑例二母，不列十九母（歌）。骑：字典无此字。（胯）：去声。

[三]□：渠鹅切。

[四]鹅：~鸭，瓯城作梧音（歌）。牙：~齿（麻）。伢：~中、~郎。芽：萌~（麻）。呀：嗟~（麻）。枒：杈~（麻）。岈：岭~（麻）。衙：官署（歌），韵又音鱼。涯：水~、无~（麻）（佳）（文）。睚：~眦，目怒视人，音岩。（厓）：珠~，地名，音岩。崖：音岩。

[五]多：~少（歌）。

[六]拖：手~（歌）。多拖二字瓯城读在戈韵。他：《诗》之死矢靡~。

[七]陀：弥~（歌）。驼：駄，韦陀，或作徒音（歌）。驼：馳，骆~（歌）。他：尹公之~，字典无此音，四书注徒何切。

[八]孥：妻~，又同拿（虞）。帑：本音倘，又通作孥（虞）。奴：~仆（虞）。驽：~马（虞）。笯：镞也，又上（歌）。傩：驱疫，又上（歌）。

［九］巴：～蜀（麻）。笆：篱～。芭：～蕉（麻）。犯：野猪（麻）。疤：疮也。苴：同巴，《史记》～蜀相攻，注音巴，又音朱、蒩、槎、左、芭、社。葩：花也，音犯（麻）。

［十］犯：羽族将死，其翼～下。葩：披加切，花也，俗作巴音，误（麻）。

［十一］爬：抓痒（麻）。跁：跪行也。匍：～匐。杷：枇～（麻）。琶：琵～（麻）。杷：五齿，用以取草。

［十二］麻：桑～（麻）。麻：脂～。摩：～挲。痳：～疹。蟆：蛙～（麻）。蟇：同上。

［十三］渣：～滓。楂：楂，山～（麻）。爹：嘴～，厚唇。爹：吴人呼父曰～（麻）。咤：叱～，同咤（麻）。醆：酒～鼻胞（麻）。（楂）：同槎。（查）：音茶。

［十四］初：起～（鱼）。叉：三～（麻）。杈：树～（麻）。差：～池，又音钗，～旁字皆作差。蹉：～跎。磋：切～，非去（麻）。瘥：病愈（歌）。搓：擦也（歌）。傞：～～，舞也（歌）。芻：荛，草也（虞）。蒭：同上，俗。嵯：～峨（歌）。縒：乱丝，又音洒、错。扠：籍也。

［十五］茶：～叶（麻）。搽：同上。查：～访。搽：～面。

［十六］沙：水也（麻）。砂：石～。纱：绉～（麻）。莎：香附子曰～根（歌）。娑：婆～（歌）。鈔：～锣。梭：织～（歌）。唆：～讼。袈：袈～（麻）。疏：～密。疏：同上，又去（鱼）。蔬：菜～（鱼）。鲨：～鱼（麻）。鯋：同上。杪：～木。梳：头～（鱼）。蓑：～衣（歌）。些：语助，又音式（麻）。

［十七］斜：袤，不正也（麻）。锄：耡属，又音如（鱼）。矬：矬曰矮～（歌）。雏：鸟小（虞）。徂：退，往也（虞）。殂：死也。锉：釜也，平去入三声。苴：音斜，草木枯槁。鉏：音斜，《汉书》非种者～而去之。槎：船也，才加切，又仕下切，《说文》樏。楂：同上。耡：本去声，又床鱼切。

［十八］花：～草（麻）。华：同上，又音河，又去声，翙。虾：鱼～（麻）。鰕：同上，又音遐。煆：煨也（麻）。诃：喝也。呵：气～。哗：喧～（麻）。（藬）：音蔿，俗作花，误。又音蒲。

［十九］霞：云～（麻）。瑕：～瑜（麻）。遐：远也（麻）。华：荣～，又音花，又音夏，蔓（麻）。划：～船（麻）。河：黄～（麻）。荷：～花，二字俗作和音，误（麻）。桦：～皮（麻）。騢：～骝（麻）。鍜：钲～，领铠也，与锻字异（麻）。（洳）：音柔。（崋）：去声，～山。

［二十］枒：树～（麻）。丫：～头，婢女，又～（麻）。鸦：老～，说文雅（麻）。雅：同上，又音瓦。蛙：黾，青～。蛙：～蟆（麻）（佳）。哇：吐也（佳）。呱：

小儿声。宎：凹也。洼：窐，水~（麻）。刌：自刌（麻）。娃：美女，又音佳（佳）。

[廿一]□

[廿二]（缚）：平。

[廿三]罗：羅，纱~，羅今简作罗（歌）。锣：铜~（歌）。箩：脚~（歌）。萝：藤~。啰：囉，喽~（歌）。罹：羅，网也（支）。罹：~祸（支）。螺：田~（歌）。蠃：同上。骡：~马。（逻）：去声，《说文》罗字作羅。

此韵有囉囉声之囉字、阿妈之妈字、呁哦之哦字皆无所属。

上声

斝：斚，玉~，玉杯也（马）。假：真~，又去（马）。瘕：症~（马）。寡：少也（马）。嘏：寿也。贾：~商，上声，待~，去声（马）（虞）。蕒：苦~（蟹）。槚：檟，木名（马）。叚：叚，~粒也。剕：同上，俗。假，《说文》叚贾作贾，寡作寡。

[二]可：~以（哿）。哿：同上。坷：坎~（哿）。哬：行也（马）。舸：小船（哿）。踝：~曰脚眼腂（马）。（砢）：音洛。

[三]□：求假切。

[四]瓦：砖~（马）。雅：风~，又音鸦（马）。疋：同上（语）（马）。疨：庀也（马）。厊：不合（马）。

[五]朵：花~（哿）。朵：同上。埵：箭~，射箭~子也（哿）。垜：同上俗。躲：~避。揣：量度也。疼：~~，疲也，又音始、佗、滩。軃：耳曰耳~。

[六]妥：稳~（哿）。媠：好也（哿）。

[七]舵：船~。柁：同上（哿）。杝：同上。拕：推引，又平声（哿）。沱：水名，又平（哿）。惰：懒~（哿）。陊：下阪，又落也（哿）。堕：~落（哿）。

[八]弩：硬弓（麌）。努：~力（麌）。傩：驱疫，又平（哿）。砮：石可为箭头，又平（麌）。懦：音奀，又音儒，又音嫩。

[九]把：~握（马）。

[十]□：音怕，上声。

[十一]狄：蒲可切，偻腰行曰猡狄。

[十二]马：牛~（马）。码：~子。

[十三]左：~右（哿）。阻：挡~（语）。俎：~豆（语）。㧛：手拿也。沮：志~，与音朱异（语）。咀：~嚼（语）。跙：行不进（语）。组：~绶（麌）。鲊：腌鱼也。苴：土~、补~，音左，又音巴、芭、朱、槎、蛆、社（语）。

[十四]楚：清~（语）。础：柱磉（语）。瑳：玉白，又平（哿）。齼：同楚，文采也，又音苍举切。

[十五]（茶）：上声。（鲊）：音左。

[十六]锁：关~（哿）。琐：小也（哿）。所：~以，又处也（语）。灑：~扫（马）。洒：同上，《说文》滌。贩：问卜钱（语）。数：數，何足~，去声（麌）。（谡）：所六切。婆：想可切，《汉书·西都赋》经骀荡而出馺~，又平（哿）。縒：苏可切，鲜洁也，《说文》縒，又音差错。

[十七]坐~立，《说文》坐旁作坕（哿）。脞：丛脞，细碎也（哿）。

[十八]歌：大笑（哿）。嗬：同上（马）。頣：倾头视。□:~落。

[十九]下：上下，又去（马）。厦：大屋，非去（马）。夏：过~、华~、~商，皆上声，春夏去声（马）。

[二十]哑：不能言也（马）。閜：~碒，相扶持（哿）（马）。嘏：本音段，卵已成子不生，俗音似此。

[廿一]□：夫下切。

[廿二]缚：上声。

[廿三]鲁：愚~（麌）。橹：干~，又船~，~同樐（麌）。樐：胡~，同上（麌）。虏：虜，胡~（麌）。掳：~掠。卤：斥~（麌）。滷：盐~，俗音作履。秜：自生稻（语）。艣：同橹，俗言似履。裸：赤体（哿）。蠃：蠡~（哿）。菰：有核曰果，无核曰~（哿）。懅：惭也（哿）。碒：閜~，相扶持也，磊~，人卓特也（哿）。

去声

[一]卦：八~（卦）。掛：悬~（卦）。挂：同上。褂：马~。稼：禾~（祃）。嫁：出~（祃）。架：衣~（祃）。假：告~之~，去声，真~之~，上声（祃）。贾：待~，去声，商~，上声（祃）。价：~钱（祃）。

稼字以下官音似脚去声，卦、褂等字官音似怪去声。

[二]胯：~下（遇）（祃）。跨：~海梁，平去二声（祃）。滒：船~砂不行。搎：手~牢，持也。坷：坎~，上去二声。

[三]□：半~。

[四]讶：警~（祃）。砑：砑布石（祃）。迓：迎也（祃）。御：百辆~之，又音遇（祃）。

[五]剁：剟，刀~。（剉）：本音挫。（剸）：本音专、转。

［六］唾：音托，去声。

［七］驮：馱，马负也，又音陀（个）。大：唐佑切，~小，又音弹（个）。惰：怠~，又上（个）。媠：妇人懒（个）。

［八］糯：~米。稬：同上（个）。愞：弱也（个）。懦：同上。怓：喜~。

［九］霸：王~，又音魄（祃）。覇：同上，俗（按：同古壮字或字喃）。坝：堤也。埧：同上（祃）。欛：柄也，剑~（祃）。擺：手~牢。弝：弓~（祃）。灞：水名（祃）。靶：辔（轡）革。

［十］怕：惧也（祃）。帕：巾也，手~（黠）。帊：同上（祃）。怖：恐~，《说文》悑（遇）。

［十一］罢：罷，止也，又上（祃）。耙：~田。杷：犁~，又平。钯：同上。齰：~牙，又平。

［十二］（祃）：屯兵之处，祭也（祃）。

［十三］佐：辅~（个）。做：~作。作：~事，又入声。（个）。左：左右，又上（个）。诈：敲诈（祃）。詝：惊~（祃）。醡：醡酒。醝：同上（祃）。榨：油车也。矬：拜失容，又同诈（个）。咤：叱~（祃）。姹：美女。妊：同上（祃）。

［十四］磋：切~，又平（个）。瘥：瘥，疾愈，又平（卦）。跢：~路。汊：岐流。剉：剉，斫也（个）。挫：摧也（个）。莝：细剉草（个）。衩：衣~角。紁：~缝。锉：平去入三声。措：撍，委置，又用也，非入（遇）。错：乱也，又入（遇）。蜡：冬祭（祃）。厝：葬也（遇）。

［十五］乍：初也，乍旁作㡯（祃）。祚：~年（遇）。阼：~阶（遇）。胙：~土（遇）。（作）：诗韵止收入声。（诈）：音作。（昨）：在各切，无去声。

［十六］数：數，气~，又入声（遇）。素：白也，又平~，素旁字作絭（遇）。傃：向也（遇）。嗉：鸡喉下藏食处（遇）。些：俗言若适（个）。疏：奏~，又平（御）。泝：溯，随流逆上（遇）。溯：同上。遡：同上。沂：同上，非入。

［十七］座：一~（个）。助：扶~（御）。蛇：~鱼，作鮛，非。梳：本去声，非平（御）。坐：通作座。

［十八］化：变~（祃）。七：同上，与匕异。鏵：隙也，俗言似货（祃）。

［十九］话：話，说~（卦）。贺：~喜（个）。崋：崋山（祃）。华：中雩，太~，又音花、河。桦：~皮，又平（祃）。下：上~，又上声（祃）。画：书~，又音活（卦）。搳：机阱。暇：闲~（祃）。夏：春夏，去声，其余皆上升（祃）。嗄：~声（祃）。（涸）：水退，诗韵止收上声。

［二十］亚：亞，次也（祃）。揠：~你。饫：餕，~饱，又音喂（御）。娅：

姻~（祃）。秠：穲~，稻名（祃）。沃：音恶。

［廿一］□：孚亚切。

［廿二］□：扶亚切。

［廿三］摞：~辫。逻：巡~，本去声，非平。纙：钱缗。

入声

［一］角：头~，~旁字作㑵（觉）。熔：~燥，隺也作寉。各：~人（药）。阁：殿~（药）。搁：担~。珏：玉也（觉）。钰：宝也。桷：椽也（觉）。觉：覺，知~（觉）。郭：城~（药）。廓：寥~，大也（药）。椁：棺~。霩：云消（药）。矍：视不专也（药）。傕：李~。榷：~税（觉）。搉：商~古今（觉）。捔：刺击也（觉）。埆：墝~，不平地。较：猎~，又车两旁也（觉）。

［二］确：確，塙实（觉）。恪：敬业（药）。悫：诚~（觉）。殼：外~（觉）。觳：不~，不尽；俭~，信约（觉）。鞹：皮~（药）。圕：鞭声，~响。毃：卵~（觉）。扩：孟子~而充之，非去。硞：石声（觉）。（榷）：音角。（搉）：商~，亦音角。

［三］淴：水推~牢，本音胯，俗音似入声，故并例此。

［四］鹤：白隺，官音在十九母（药）。萼：花~（药）。愕：惊也。谔：~~，直言也（药）。鄂：鄂，~州（药）。崿：峻~，山也（药）。锷：剑锋（药）。嶽：五~（觉）。岳：同上，《说文》㞼。鸑：~鷟，凤也（觉）。咢：口上~，（药）。鳄：~鱼，鱷：同上（药）。鄂：通咢，与鄂别。鹗：雕也（药）。咢：《诗》或歌或~。《尔雅》释乐徒击鼓。《汉书》~~，黄发注，直言。遻：心不欲见而见（药）。噩：酉曰作~（药）。嶨：~~，肥泽也，本音学觉。（狱）：音玉。

［五］沰：督乐切，水滴也。崔实《农家谚》，上火不落，下火滴~。

［六］託：托，相~（药）。托：同上。拓：~碑（药）。橐：囊~（药）。箨：笋衣（药）。蘀：落叶（药）。柝：梆也（药）。饦：飥，馎~。饍：同上，《五代史·李茂贞传》作不托。沰：《诗》颜如渥丹，辕《诗》作~，丹赭也，又音督各切。（搨）：同拓，音塔。

［七］铎：鐸，木铎（药）。泽：格泽妖星，又因宅（药）。度：揣~、~支（药）。剫：治木也（药）。踱：跮~，疾行打脚绊（药）。纛：大旗名，又音导（沃）。□：手~开。

［八］诺：应~（药）。□：~断。（荦）：本音角。

［九］博：典~（药）。簙：~弈、赌~，通作博（药）。搏：~击，~虎（药）。剥：~皮（觉）。㓮：同上。趵：足击（觉）。駮：兽名，能食虎豹（觉）。驳：

辩驳（觉）。镈：鎛，钟上横木（药）。膊：臂～。髆：同上（药）。欂：柱上枅（药）。襮：衣领（药）。爆：火裂、细火跃，又音豹，俗作火炮之炮，误。

［十］樸：～实（觉）（屋）。朴：～作教刑，又同上。撲：打也（觉）。幞：～头巾名（沃）。幞：～满，囊类。扑：亦训打（屋）。粕：糟～（药）。謈：呼冤（觉）。懪：烦闷。璞：玉未琢（觉）。墣：土块。

［十一］薄：厚～（药）。礴：磅～（药）。箔：锡～、帘～、蚕～（药）。泊：停～，舟停也（药）。舶：船也（陌）。亳：～州，汤王所居处（药）。雹：大雨龙～（觉）。瓟：同瓝，小瓜（觉）。皪：皮皱（觉）。骲：以骨做箭头，平之令射不伤皮，今人易以皮曰登～，音饱。鑮：大钟（药）。

［十二］摸：手～（药）。莫：䎱，不也（陌）（药）。貘：白～。膜：隔～（药）。眊：～瞠（觉）。幕：帘～（药）。漠：沙～（药）。瘼：民～（药）。袹：～额，首饰。邈：貃，远也，无眇音（觉）。藐：《诗》既成～～，又听我～～，《孟子》说大人则藐之，音眇。瞀：目不明，同眊（觉）。瞙：同上（药）。寞：寂～（药）。镆：～铘，剑名（药）。

［十三］作：做作，又去（药）。迮：起也（药）。□：腐一～。

［十四］错：鐠误，又去（药）。刹：罗刹，僧堂名，非去（黠）。浞：寒～（觉）。厝：葬也，磿，又去（陌）（药）。踧：同龊（觉）（措）。（剉）：二字俱去。（蔪）：音足。（脞）：上声。

［十五］酢：酬～，非去（药）。怍：愧怍，非去（药）。笮：竹缆（药）。岝：～崿，山高（药）。筰：同笮。（綷）：音昨。

［十六］速：急～（屋）。樕：朴～，小木名（屋）。餗：覆～（屋）。数：數，频也，又去（觉）。軟：吸也（觉）。箾：舞竿（觉）。索：绳索（药）。悚：音耸。

［十七］凿：鑿，又音杂，又音嘈（药）。昨：～日曰～夜，作去声，误（药）。綷：索也（药）。謍：詈也，瓯人谓两人相詈曰相～。

［十八］藿：草叶（药）。霍：挥霍，又姓（药）。謼：惊～。愮：恐惧。懩：惊～（药）。壑：叡，邱～（药）。蘁：叮也（药）。萑：同上。搉：又音角（药）。擢：同上（药）。郝：姓也。鄗：地名（药）。歊：气出，又音器。謞：谗匿（药）。嗃：严酷（药）。熇：～～，热也（屋）（沃）。螫：叮也，又音式。臛：羹也（药）。麧：麦中无面，曰麦～。豿：猪声（觉）。

［十九］学：學，～习（觉）。泶：水有大石。嶨：山有大石（觉）。礐：同上。鸴：鷽，练鹊，俗名长尾巴丁（觉）。涸：水退，非去（药）。镬：碗～，锅也（药）。

膔：丹～（药）。濩：大～，乐名（药）。获：刈稻（药）。蠖：～屈（药）。嬳：作姿态也（药）。嚛：本音学，俗音作岳。鹤：官音学，俗音岳。

[二十]沃：渓，肥也（沃）。恶：善～，又音乌，去声（药）。垩：白土（药）。鋈：白金（沃）。

[廿一]□：勿学切。

[廿二]缚：綳～（药）。

[廿三]洛：～阳（药）。雒：同上。络：经～（药）。骆：～驼，又姓（药）。珞：瓔～（药）。烙：炮～（药）。咯：嗽也。酪：乳～（药）。筶：岩～。貉：狐～（药）。剥：～头。硌：磊～（药）。落：上～，又村～、篱～（药）。零：～雨，《说文》从此。荦：卓～（觉）。跞：英才卓～（药）。乐：快～，又音尊、傲（药）。

辇韵

平声

[一]（辇）：平声。

[二]（曲）：平声。

[三]（局）：平声，本[十五]母，瓯音作此母。

[四]（玉）：平声。

[五]至[十二]与哥韵同，[十三][十四]无字。

[十五]（局）：平声。□：驱物声。

[十六][十七]无字。

[十八]靴：～鞋。鞾：鞾，同上（歌）。

[十九]（欲）：平声。

[二十]唷：哑～，痛声。

[廿一][廿二]无字。

[廿三]同哥韵，又上去俱无字。

入声

[一]辇：舆土车。欘：山行乘～。蹻：同上，又音脚。捐：《左传》陈畚～，畀土器。暴：缠也。

[二]曲：～直（沃）。屈：～伸，又音窟。苗：蚕～（沃）。笛：同上。

［三］局：立～，本十五母（沃）。

［四］玉：金～（沃）。狱：牢～（沃）。

［五］至［十二］与哥韵同。

［十三］足：丰～（沃）。卓：～旁之字皆作阜（觉）。桌：～椅（觉）。倬：著也、大也（觉）。焯：光也，又音绰。捉：拿也（觉）。晫：明也（觉）。趠：远也，惊走。逴：同上（觉）。烛：燭，灯燭（沃）。爥：同上。瞩：视也（沃）。劅：削也（沃）。嘱：吩咐也（觉）。椓：击也（觉）。诼：谮也（觉）。涿：～鹿，地名（觉）。啄：鸟食（屋）。琢：雕～。斲：斵，断也（药）。娷：整齐也（觉）。斵：削也（觉）。嚸：小鸟食（觉）。

［十四］触：觸，～类（沃）。戳：刀～、～记。戮：同上，字典无此字。歜：怒气（沃）。攣：以棒～伤。蠢：～起（屋）。躅：踯～（沃）。髑：～髅（屋）。

［十五］蜀：地名（沃）。捔：持也（沃）。踘：～踏，不能行（沃）。戳：～伤（觉）。濯：洗涤（觉）。擢：拔～（觉）。浊：清浊（沃）。擉：～鳖。镯：手～、金～（觉）。蠋：蚕～（沃）。鸀：山雉（觉）。櫂：树枝直上，又音棹（觉）。局：设～（沃）。

［十六］粟：米粟。束：～缚（沃）。朔：正～（觉）。槊：长矛。矟：同上（觉）。縤：～～，新衣响声（沃）。觫：觳～，惧死身摇也。（悚）：音耸。（溯）（遡）（泝）三字皆音岁。

［十七］属：屬，相属（沃）。续：继也（沃）。赎：找～（沃）。俗：雅～（沃）。溽：湿热（沃）。鋜：锁足（觉）。

［十八］化：虚足切。

［十九］欲：爱也（沃）。浴：洗～（沃）。鋊：钱边。慾：欲，私～。鸲：鸲～，八哥也（沃）。籰：丝～（药）。篗：同上。筬：同上。

［二十］［廿一］［廿二］同哥韵。

［廿三］录：錄，记～（沃）。绿：红～（沃）。菉：草可染绿。箓：籙，经～（沃）。醁：美酒（沃）。騄：善～（沃）。渌：水名（沃）。

戈韵

平声

［一］戈：干～（歌）。姑：～娘（虞）。酤：卖酒（虞）。沽：买酒（虞）。辜：罪也（虞）。蛄：蝼～（虞）。鸪：鹧～（虞）。觚：操～（虞）。菰：茭笋，

- 077 -

又慈~，药名（虞）。锅：镬也（歌）。过：過，又去声（歌）。涡：水漩（歌）。挝：打也（麻）。蜗：~牛，蜒蚰，俗作和音，误（麻）（佳）。歌：~唱（歌）。檛：马鞭（麻）。呱：小儿啼声（虞）。（騧）：音瓜，非戈。箍：紧~，俗作邱音误。

　　［二］科：~名（歌）。蝌：~斗，小蛙蟆未落尾（歌）。窠：鸟~（歌）。枯：荣~（虞）。粿：麦连衣者，俗言似库。（估）：~价，音古。

　　［三］翙：鸟飞声。

　　［四］莪：菁~（歌）。娥：嫦~（歌）。俄：~顷（歌）。哦：吟~（歌）。讹：~言（歌）。蛾：~眉（歌）。峨：高山（歌）。囮：鸟媒，俗作㖡，音非（歌）。吪：谬也，又同讹。吴：~越。鋙：锟~，官腔作胡音，刀名（虞）。

　　［五］多：瓯城内作此音，敝地在哥韵（歌）。

　　［六］拖：~欠（歌）。迤：音以。

　　［七］徒：辻弟（虞）。菟：于~，虎也（虞）。荼：~苦（虞）。陀：弥~，或作驮（歌）。佗：~背，又音他（歌）。跎：蹉~（歌）。鮀：祝~（歌）。沱：~潜（歌）。酡：酒醉颜红（歌）。迱：逶~（歌）。扡：曳也，又上（歌）。詑：欺也（歌）。驮：韦陀，俗作陀音（歌）。鼍：鼋~（歌）。

　　［八］奴：~仆，敝也，在哥韵。

　　［九］波：~浪自九母至十二母瓯城在古韵。逋：~逃，俗作蒲音，误（虞）。晡：日申时也，俗作步声，误（虞）。陂：阪也（支）。（簸）：~扬，上声。

　　［十］坡：坪~（歌）。颇：偏~，又音浦（歌）。铺：~床，又舖（虞）。

　　［十一］蒲：菖~（虞）。蒱：~博，赌也（虞）。苻：~姓（虞）。揇：~牢。餔：食也（虞）。婆：老婆（歌）。皤：白也（歌）。鄱：~阳，地名。匍：~匐，或作跁音。葡：~桃。菩：~萨。醭：~酒，五日大~（虞）。蒲：妳~、觜~。（蟠）：本音盘。

　　［十二］谟：典~（虞）。模：~范（虞）。摹：临~（虞）。摸：平入二声（虞）。麽：妖~（歌）。魔：~怪（歌）。糢：~糊。磨：琢~（歌）。嫫：~母，丑妇也。摩：~挲（歌）。（幺）：本妖字。（瘼）：音木。

　　［十三］［十四］［十五］［十六］［十七］瓯城音字同歌韵。

　　［十八］呼：~吸（虞）。嘑：同上。虖：同上。戏：戲，于~，同上，有音饩。

　　［十九］和：咊平（歌）。龢：同上《说文》。胡：~人（虞）。瑚：~琏（虞）。葫：~芦（虞）。糊：粉~（虞）。糊：同上。湖：江~（虞）。鹕：鹈鹕，水鸟，大于鹅（虞）。盉：同和，《说文》和羹作此。枎：棺头。弧：弓也（虞）。狐：狐裘（虞）。醐：醍醐（虞）。鳬：水鸟（虞）。壶：酒壶（虞）。乎：兮。禾：

稻也（歌）。瓠：瓜～（虞）。娲：女～，音瓜，又音蛙。（河）（荷）（菏）（何）四字俱音华，作和音误。

〔二十〕乌：烏，黑也（虞）。呜：呜呼。汙：玷污，又音于（虞）。污：同上。阿：太～，又音轲（歌）。窝：～家，又燕～（歌）。倭：～儿，日本国名（歌）（支）。圬：～墙，涂墙。杇：仝上（虞）。恶：～可（虞）。于：～戏，即呜呼（虞）。蜗：～牛，又音瓜。

〔二十一〕夫：丈～（虞）。麸：麦～（虞）。栟：簿也（虞）。孚：信也（虞）。荂：葿～亲（虞）。郛：郭（虞）。肤：肌～（虞）。趺：足也（虞）。痡：病也（虞）。膴：臟，肥美。砆：碔～（虞）。玞：同上。鈇：～钺（虞）。俘：囚也。罦：鸟网（虞）。枹：～鼓（虞）。（讣）：去声，瓯城读如吾韵，廿一母。

〔廿二〕扶：～持（虞）。无：無，有～，从～之字作霖（虞）。符：画～（虞）。巫：覡，道士。诬：捏造也（虞）。蚨：青～，虫名，以血涂钱，钱自飞回，故钱曰青～（虞）。莩：音蒲。

〔廿三〕觑：洛戈切，～缕，委屈也。《唐书·柳宗元传》：秉笔～缕，不能成章。

上声

〔一〕古：～今（麌）。鼓：钟～。皷：大～（麌）。羖：羊～（麌）。牯：～牛（麌）。瞽：目不明（麌）。腒：～胀。搅：～糊，本音较，俗音似此（巧）。诂：训～，非入（麌）。估：～价，非科（麌）。罟：罾，网也，非入（麌）。酤：～，卖酒也，平上二声（麌）。盬：不坚牢也，靡～（麌）。裹：包也（哿）。果：～子，与菓通（哿）。䴺：～饼，麦饼（哿）。惈：勇也（哿）。蜾：～蠃（哿）。蛊：～惑，蛇～（麌）。（踝）：音苦，又音跨。

〔二〕苦：甘～（麌）。颗：～粒，俗作去声误（哿）。堁：尘起（哿）。㧆：扶持（哿）。踝：脚胫（马）。

〔三〕翱：上声。□：短缩也。□：刀戮响声。

〔四〕我：尔～（哿）。午：～未（麌）。仵：～作（麌）。五：～六（麌）。伍：失～（麌）。俣：容貌大（麌）。峨：巍～（哿）。娿：媠～，俗婀字。婀：媠～（哿）。

〔五〕堵：墙也，又钱名，阿～（麌）。睹：视见。覩：同上（麌）。以上三字俗作去，误。埵：坚土（哿）。揣：摇也，或作搋，又音胞（哿）。

〔六〕妥：稳～。椭：器狭长（哿）。

［七］惰：瓯城似此音。爹：音独上声，北人呼父（哿）。

［八］怒：上去二声（麌）。

［九］补：補，～阙（麌）。谱：年諩（麌）。圃：菜～（麌）。蚾：蛤～，蟾蜍也。鼀：同上。簸：筛米器（哿）。

［十］普：～遍（麌）。浦：江边小涧，《说文》浦（麌）。溥：远大也（麌）。叵：～测（哿）。颇：廉～，又音铺。

［十一］部：六韵（麌）。箁：笋～。蔀：百蔀（有）。簿：账～（麌）。菩：丰其～，又平声。□：～的声。

［十二］母：父～（有）。姥：天～。某：～人（有）。胟：大～指。拇：同上（有）。么：麽，什～之～，上，妖～之～，平（哿）。鉧：钴鉧，熨斗也。呆：同某，俗作獃音，误。

［十三］左。［十四］楚。［十五］坐，官腔。［十六］所。［十七］坐。此五母欧城似此音。

［十八］虎：～豹（麌）。琥：～珀（麌）。滹：～水，又去，滹同。浒：水边（麌）。火：水～（哿）。伙：～夫，家～。夥：～计，又多也（哿）（蟹）。輠：车轴着脂处，炙～才知多（哿）（马）。

［十九］户：单扇门（麌）。扈：跋～，鱼扈也，桑～，鸟名（麌）。怙：～恃（麌）。岵：山名（麌）。祸：～福（哿）。荷：负～，无去（哿）。沪：～上，上海水名（麌）。旷：效～，文采也，今人谓好视曰效～。

［二十］邬：地名，又平（麌）。娬：～娌，弱好也（哿）。

［廿一］府：道～（麌）。俯：頫，仰（麌）。腑：脏～（麌）。甫：初也（麌）。不：甫负切，不肯、不爱，瓯言皆作此音。辅：～弼，俗作附音，误（麌）。脯：腊～肉（麌）。釜：镬也（麌）。莆：～田（麌）。斧：～头（麌）。父：仲山～，又音武（麌）。抚：摹也，又巡～，《说文》从无之旁字皆作𢼪（麌）。拊：击也（麌）。庑：廊也（麌）。怃：～然（麌）。弣：弓弣（麌）。妩：～媚（麌）。鬴：同釜。黼：～黻（麌）。甒：甀～（麌）。簠：～簋。膴：华～（麌）。殕：白～。俛：同俯，又音免。頫：同俯，又同眺。

［廿二］父：～母（麌）。武：文～（麌）。舞：羴，歌～（麌）。儛：朝～，地名（麌）。腐：荳～，俗作去声，误（麌）。鹉：鹦～（麌）。鹉：同上（有）。侮：欺～（麌）。负：～倚（有）。妇：～人（有）。媍：同上。

［廿三］鲁：瓯城是此音。卤：斥～。滷：盐～。

去声

[一] 固：坚～（遇）。故：～人（遇）。雇：～工（遇）。僱：同上。顾：视也（遇）。痼：～疾（遇）。錮：禁～（遇）。酤：卖酒，又平（遇）。涸：凝～～（遇）。过：改～（个）。（锯）：音据。

[二] 库：仓～（遇）。绔、裤、袴、胯：～臀衣也，四字同，纨绔、胯下（遇）。课：功～（个）。堁：尘起（个）。（颗）：本上声。

[三] 翄：翄，去声。

[四] 误：错～（遇）。悮：同上（遇）。晤：～对（遇）。寤：～寐（遇）。忤：～逆（遇）。悟：（觉）悟（遇）。摅：斜挂（遇）。饿：饥～（个）。卧：睡也（个）。

[五] 妒：妒，～忌（遇）。蠹：～虫，衣书中虫（遇）。斁：《书》彝伦攸～，败也；《诗》耗～下土。又音亦（遇）。秅：禾一束曰秉，四百束曰～，同佗（遇）。（睹）（覩）（堵）俱上声，俗作去声，误。

[六] （吐）：官音。

[七] 秅：徒卧切，禾积也。大：瓯言大小似此音（泰）（个）。

[八] 怒：瓯城作此音（遇）（虞），敝地在哥韵去声。

[九] 布：～帛（遇）。布：达～。播：～种（个）。圃：菜～，又上（遇）。簸：筛米，又上（个）。

[十] 破：～碎（个）。铺：被～，平去（遇）。舖：铺，店～。仆：～倒，又上（宥）（遇）。

[十一] 步：～行（遇）。捕：捉也（遇）。哺：吐～（遇）。埠：船～。酺：饮酒（遇）。菢：～鸡。鿔、毰：俱同上。（晡）（逋）：二字俱平声，音波。以上三母瓯城在哥韵。

[十二] 慕：思～（遇）。暮：曛，晚也（遇）。墓：坟～（遇）。姆：嫫～，又上（宥）。磨：麦～（个）。募：～化（遇）。（戊）：本音茂，瓯城作附音，敝处作此音，俱非（宥）。（幕）（羃）：同音密。（穆）：音木。（睦）：音木，俗皆作去声，误。

[十三] 做。[十四] 磋。[十五] 乍。[十六] 数。[十七] 助。此五母瓯城读此音，敝处此五字在嫁韵。

[十八] 货：～物（个）。戽：～水，扫水也，上去声（遇）。滹：同上。謼：同呼（遇）。

[十九]护：護，~枯（遇）。互：同也（遇）。冱：寒~（遇）。瓠：瓜也（遇）。
溥：布~，遍满之意（遇）。頀：大~，乐名（遇）。嫭：妒~，妒我之好（遇）。
获：焦~，地名，刘~之上声。和：倡盉（个）。□：浊也。

[二十]恶：好~（遇）。汙：~秽，又平去（遇）。污：同上。涴：同上（个）。
屎：本音矢，又音希，俗作此音。屙：本平声，大便也。

[廿一]富：~贵（宥）。付：收~（遇）。敷：平去二声。副：正~，又入声（宥）。
赴：~任（遇）。傅：师~（遇）。咐：吩~。賻：祭礼（遇）。赋：诗~（遇）。
讣：告丧曰~文（遇）。仆：音破，又音朴。

[廿二]附：依附（遇）。祔：~祭（遇）。跗：脚眼骱（遇）。鲋：鲫鱼名（遇）。
婺：~女，星名。鹜：~雁，又上（遇）。骛：驰~（遇）。务：时~（遇）。伏：
~卵之伏，去声（宥）。驸：~马（遇）。雾：山气（遇）。坿：同附。（腐）：
豆~，本上声。（蝥）：音毛，兜~。

[廿三]羸：弱立貌。摞：~犙，瓯城读此音。路：官腔。

入声

[一]穀：谷，~麦（屋）。谷：山谷（屋）。告：忠~（沃）。牿：牛马栏（沃）。
（鵒）：鸜~，音浴。

[二]哭：笑~（屋）。喾：謷，帝~（沃）。梏：桎~，又~矢（屋）。酷：
~刻，官曰~吏（屋）。

[三]（翑）：入声。□：~~，鸠鸣曰~~。

[四]娱：娱，入声。

[五]督：总~（沃）。笃：~实（沃）。竺：本音竹，又通作笃。

[六]秃：~头，光头也（屋）。

[七]读：讀，~书，读旁之字皆作賣。又音豆（屋）。渎：圳~，又亵~（屋）。牍：
案~（屋）。椟：匮也（屋）。犊：小牛（屋）。黩：~怨（屋）。讟：怨~（屋）。
毒：~害（沃）。碡：碌~，水耙名（沃）。纛：大~，大旂，又音导（沃）。独：
獨，无偶（屋）。韣：弓袋（屋）。

[八]喏：入声。

[九]卜：问卜。不：官音，又平（物）。濮：~阳。

[十]醭：醋生白~，俗语似上声（屋）。（仆）：本去声，俗作此音，又音朴。

[十一]仆：僕，奴仆（屋）（沃）。瀑：瀑布（屋）。暴：晒也，又音袍
去声。曝：黼领，又外也（沃）。□：门~。□：跪下，~的声响。（菔）：萝~，

本音服，俗言似仆。（濮）：～阳，音卜。

[十二]目：眼目（屋）。木：树～（屋）。沐：洗面（屋）。霂：～～，小雨（屋）。寞：寂～（药）。牧：～牛，非去（屋）。穆：昭穆（屋）。睦：和～（屋）。瘼：民～（药）。楘：屋架五～（屋）。幕：入～（锡）（药）。苜：～蓿。豇：豆（屋）。缪：同穆，又姓，音妙（屋）。恗：～～，思也（屋）。

[十三]□：即笃切。（作）：四十四五等都以作字作此音，敝处在角韵十三母。

[十四]促：急～（沃）。蹙：～额，瓯人谓眉曰形赘儬（屋）。踧：～踖（屋）（锡）。簇：～花（屋）。槭：～～，风吹落叶声（屋）。镞：箭头（屋）。蹵：不安，又蹋也（屋）。顣：～额，与蹙同（屋）。蹴：踀踧（屋）。淑：寒～（觉）。趣：逼也，又音处。齰：齱，同踧。（俶）：本音咒。（鹫）：音就。

[十五]□：直族切。（柷）：有以柷作此音，敝处在菊韵，郡城在骨韵。

[十六]速：急也（屋）。涑：～水（屋）。

[十七]（族）：四十四五等都作此音。

[十八]熇：熏～，熟也（沃）（屋）（药）。□：喜～。

[十九]斛：斗～（屋）。鹄：鸿～（沃）。塌：花～。縠：绸也。漱：～水。毂：车辐贯处也（屋）。槲：又名金鸡树（屋）。觳：～觫，畏死抖也（屋）。縠：～～，衣响声。

[二十]屋：房～（屋）。渥：浸～（觉）。握：抱～（觉）。偓：～促（觉）。喔：鸡声（觉）。齷：～踖（觉）。幄：帷～（觉）。剭：诛也（屋）（觉）。齵：同上（觉）。

[廿一]福：～禄（屋）。匐：匍～（屋）（职）。幅：一～（屋）（职）。辐：车轮之爪三十六～，凑于毂上（屋）。蝠：蝙～。偪：逼也（屋）。愊：悃～，至诚也（职）。副：刻也，又去（职）（屋）。楅：矢筒，音福，又横牛角之柴防触人者，音逼（屋）。腹：肚腹（屋）。覆：反覆（屋）。复：复，復，同上。複：复，重～（屋）。蝮：蛇有足曰蛇狗（屋）。馥：香也（屋）。

[廿二]伏：拜～（屋）。服：衣～（屋）。袱：包～。茯：～苓（屋）。菔：菜～，瓯人谓菜头菜（屋）。复：復，～旧，又同覆，又音浮去（屋）。宓：～羲，与伏同，作密，误。鵩：瓯曰逐魂（屋）。洑：洄流也（屋）。箙：盛弓袋（屋）。澓：涌～，大浪（屋）。鳆：《汉书》注似蛤，偏着石，一说即石决明，似蚌偏着石（觉）。（鹜）：音木。

[廿三]六：五～（屋）。陆：陸，水～，又通作六（屋）。鹿：麀～（屋）。盝：契～（屋）。簏：书～（屋）。漉：～酒，取清去糟（屋）。稑：穜～，迟

种早熟曰~（屋）。麓：山脚也（屋）。戮：杀~（屋）。僇：~辱（屋）。碌：~~（屋）。禄：爵禄（屋）。勠：戮力（屋）。琭：玉名（屋）。辘：~轳，圆转也（屋）。摝：振也。

菊韵

平上去三声无字

入声

[一] 菊：蘜花（屋）。掬：一~，一把也（屋）。匊：物在手中（屋）。鞠：审~（屋）。鞫：~躬，屈也，又同菊（屋）。

[二] 曲：粬，米~。麹：同上（屋）。茁：蚕~（沃）。

[三] 夃：人老~~动，本在十五母。掘：~捞（物）（月）。扅：门完~。

[四] 朒：缩~，不任事也（屋）。衄：鼻血也，俗作衂（屋）。恧：惭也（屋）。肉：瓯人谓~曰朒。

[五] 至 [十二] 与谷韵同。

[十三] 竹：~木（屋）。竺：天~，又同笃（屋）。筑：似筝十三弦，击~（屋）。築：筑，版~（屋）。祝：祷~（屋）。粥：~饭（屋）。味：呼鸡声。喌：同上。柷：~敔，乐器（屋）。鬻：卖也，又音育。

[十四] 蹴：~地，踢也（屋）。畜：六~，又音旭（屋）。

[十五] 朮：白~（质）。轴：画~（屋）。逐：赶也（屋）。夃：~~，老人~~动也。扅：户枢曰门圆~。舳：~舻，舟也（屋）。逐：马屋也（屋）。

[十六] 宿：~夜（屋）。缩：短~（屋）。戍：辰~，瓯城若雪（质）。叔：朩伯（屋）。夙：殐，早也（屋）。觫：觳~，惧极而抖，又音速（屋）。蹜：足~儴（屋）。俶：始也，作淑音，误（屋）。蓿：苜~（屋）。肃：蕭，严~（屋）。鱐：鱼腊（屋）。茜：蓬~，草也（屋）。碌：黑磨石（屋）。

[十七] 熟：丰鞲（屋）。塾：学也（屋）。族：宗~（屋）。肉：骨~（屋）。宍：同上。菽：茉，豆也（屋）。褥：坐~（屋）（沃）。塚：和水耕田曰~田。辱：荣~（沃）。缛：文采（沃）。蓐：草荐（沃）。鄏：郏~（沃）。鷟：鸑~，凤凰也（沃）。溽：~暑，大热（沃）。

[十八] 旭：日初出也（沃）。项：顼~（沃）。勗：教也，本作勖。蓄：存也（沃）。嗅：~鼻，吸也。搐：~搦，惊也。倏：忽也。儵：青黑也（屋）。慉：爱也（屋）。勖：勉也（沃）。（畜）：本音蹴。

［十九］母无字。

［二十］育：养～（屋）。郁：稶～，文采（屋）。燠：热也（屋）。毓：～秀（屋）。煜：光也（屋）。（晔）（烨）：明也，康熙庙讳。彧：～～，有文章，又禾盛貌（屋）。薁：草也（屋）。儥：征～，招买卖也。鬱：郁，抑郁（物）。薫：薫～（药）。蔚：～蓝天，又～州，又音畏（物）。囿：苑～，音郁，又音幼（屋）。

［廿一］［廿二］［廿三］同戈韵。

根韵

平声

［一］根：树棍（元）。甘：甘甜也（覃）。柑：柑桔（覃）。泔：米泔水（覃）。弇：口小腹大瓮，甘、掩、俺三音（覃）。（橄）：～榄，上声。

［二］看：翰，视也（寒）。刊：栞，刻也（寒）。堪：可也（覃）。戡：胜也（覃）。坩：土器，～瓯（覃）。

［三］颔：头～，又上（覃）。

［四］（玩）：平声。

［五］端：～正（寒）。郸：邯鄲（寒）。劇：整饬也，～而不伤（寒）。耽：耳大垂（覃）。眈：老聃（覃）。儋：～耳（覃）。眈：～～，视也，又上（覃）。墩：土～，坟～（元）。敦：毃厚，音崑，又音端，又音团，又音屯，又音雕，又音纯，又音东，又音对，又音导，又音道，又音俦，又音盾，又音准，又音登，又音田（元）。暾：日也（元）。惇：厚也（元）。焞：火无光也（元）。（㹠）：～猪（元）。（镦）（錞）：二字俱音兑。

［六］探：手～，又去（覃）。酖：～酒，嗜酒（覃）。贪：～心（覃）。吞：～下（元）。湍：湍流，急流也（寒）。煓：火炽。浛：～滩，申岁。啴：～～多言。敦：毃彼行苇（寒）。

［七］覃：～恩，覃旁做罩，下同（覃）。潭：深～（覃）。昙：瞿～，释教（覃）。壜：酒钵（覃）。蟫：蠹鱼（覃）（侵）。镡：剑鼻（覃）（侵）。臀：裤～（元）。髖尻：同上，《说文》。团：～圆。抟：搏，鹏～（寒）。溥：露～（寒）。豚：猪也（元）。犿：同上。屯：～营（元）。纯：《诗》白茅～束，又音申、崇、准（元）。

［八］南：东～，《说文》南或㠪。枏：～木，又音前（覃）（盐）。楠：同上。諵：～～，呢～（覃）。喃：～～，咒语（语）。男：～女（覃）。

［九］搬：本音般，俗作音半平。

［十］潘：~姓，又米泔也（寒）。番：~禺，县名，又音鄱、翻。拌：同拚，抛也，又作秤字用，又去声，韵止收平（寒）。

［十一］般：一~，一样也，又~~，音班（寒）。盘：~碗（寒）。盆：同上（元）。槃：杅~。柈：同上。搬：~运。磐：~石（寒）。蟠：~龙，~桃（寒）。胖：《大学》心广体胖，音般；《周礼》膴胖，音泮（寒）。磻：~溪（寒）。瘢：疤记也（寒）。鞶：大带（寒）。弁：皮帽，小弁，《说文》㝈（寒）。蹯：脚掌，《说文》䪛（元）。

［十二］鳗：鳝~（寒）。馒：馒头（寒）。鞔：~鼓。瞒：~昧（寒）。

［十三］尊：~重（元）。鐏：粥~（元）。罇：同上。樽：同上。攒：~谋（寒）。钻：鑚，鑽研（寒）。瓒：玉~（侵）。篸：同上（寒）。（撙）：~节，上声。

［十四］村：乡~（元）。邨：同上。参：糸，~政（覃）。骖：騑，马也（覃）。傪：好也（覃）。□：~菜。

［十五］（撰）：撰，平声。

［十六］孙：孫，儿~（元）。荪：兰~（元）。飧：饔~（鲩）。闩：门~。狲：猢~。酸：~甜（寒）。痠：~痛。狻：~猊，狮子也，俗作俊音，误。欗：同闩。（拴）：音川。

［十七］存：在也（元）。蹲：踞足（元）。蠶：蚕，~丝（覃）。蚕：同上，便。

［十八］憨：懵也（覃）。蚶：虾蚶（覃）。酣：酒醉（覃）。龛：佛~（覃）。庩：睡也（覃）。甜：山谷（覃）。

［十九］含：~口（覃）。颔：头顋，又上（覃）。谽：~谺，空谷（覃）。崯：大谷（覃）。痕：~迹（覃）。

［二十］恩：~德（元）。庵：~堂（覃）。菴：同上。盦：同上（覃）。媕：~婴，不决也（覃）。

［廿一］［廿二］无字。

［廿三］鸾：鸞，~凤（寒）。銮：~驾（寒）。栾：香~，又姓（寒）。峦：山~（寒）。圞：团~（寒）。婪：贪也（覃）。论：~语，又去声（元）。啉：酒巡以匝曰~，疑~桶之~，即此。（娈）：上声，又去。（孪）：音散、连二声。孪：音连。

上声

［一］敢：叙，有胆（感）。感：~应（感）。磡：石函以石盖（感）。澉：

～謷，无味也，淡～（感）。橄：橄榄（感）。

　　[二]坎：～离（感）。欿：～然，不满足意（感）。扻：击也。疑：正～，本作款，《说文》款（旱）。侃：刚直也，又去（旱）。偘：同上。衎：～然，乐也，又去（旱）。窾：窍也（旱）。（欸）（咳）二字去声。（劶）：投～，胡得切，音霭，去入。（磕）：去入二声。

　　[三]顑：面～，又平（感）。

　　[四]顉：音玩，上声，屡点头曰～頷（感）。□：香～。（玩）：去声。

　　[五]短：长～（旱）。紞：冕前垂（感）。耽：～～，又平（感）。袡：被边缘也（感）。

　　[六]疃：荒坦也（旱）。黤：暗黤，不明也（感）。醓：～醢，肉酱也（感）。喊：声也，又众也（感）。□：气～。

　　[七]断：斷，截～（旱）。囤：仓～。笔：同上。遁：肥～，又去（阮）。遯：同上，～甲（阮）。沌：混～（阮）。圅：楼墙（阮）。墥：买物，～堆也，俗语似平（感）。醇：酒味美（感）。盾：徒损切，又音吮、允（阮）。

　　[八]暖：温～。煖：同上，俗言在景韵八母，俗读在此母。腝：～菜。

　　[九]粄：音半，上声，饼也（旱）。□：娘～。

　　[十]（潘）：上声。

　　[十一]伴：作～（旱）。秚：物相和也（拌）：音泮，俗以拌字作秚字用，误。

　　[十二]满：浅～（旱）。懑：愤～，又音闷（旱）。

　　[十三]纂：～集（旱）。缵：纉，继也，俗作曲声，误（旱）。瓒：瓉，玉～（旱）。纂：～组（旱）。揝：手动。撍：同上。朁：同咎，发语词。昝：姓。鬓：发光。搏：～节（阮）。逮：远也（感）。攒：假～，束发。

　　[十四]忖：思～。惨：凄～（感）。椮：积柴取鱼（感）。黪：～淡，青黑色（感）。頷：顉～，点头也（感）。刌：截也（阮）。篡：～位，音寸。（爨）：瓹～，去声。（竄）：走～，去声。（怵）：～惕，入声。

　　[十五]譔：作也，又去（铣）。撰：同上（铣）。僎：大夫～，上声，诗韵收平声，音中。（馔）：去声。

　　[十六]糁：猪肠～（感）。腜：同上。损：～益（阮）。篹：～籚（轸）。簁：笾属（旱）。算：～数之～，上声，～盘之～，去声（旱）。

　　[十七]鋋：～窜，又音去（感）。菼：昌蒲萑曰昌～，颜～之～音触（感）。棪：削木为～，音善（感）。

　　[十八]撼：俗言～到，本上声，作入声，误（感）。顣：不饱（感）。

［十九］卮：吐声。苕：~花蕊（感）。

［二十］晻：不明（感）。黯：同上。闇：同上，又平（感）。

［廿一］［廿二］无字。

［廿三］脔：禁~，肉也（铣）。娈：婉~，上声，无平声（铣）。漤：滥，水~柿。娈：平上二声，贪~。卵：俗言似此，阳物曰~，读亦作伦，上声。

去声

［一］艮：㞕，止也，又为趾，为山（愿）。淦：水入船中也（勘）。绀：紫红色（勘）。

［二］磡：田~（勘）。勘：校也，磨~（勘）。看：观~，又平（勘）。磕：~头，又去（泰）。衎：喜乐，又上（翰）。欿：謦~，又~嗽（置）（队）。咳：~嗽，同上。侃：刚直，又上（翰）。

［三］□：瞿玩切。□：肚~出也。苕：稻将出也，俗语似此，本音憾。

［四］玩：~慢，赏~（翰）。貦：同上。忨：贪也，~岁。

［五］断：判~（翰）。破：~磨（翰）。锻：同上（翰）。

［六］探：~望，韵止收平。彖：~辞（翰）。褖：后衣（翰）。（漯）：入声。

［七］缎：绸~。段：一~（翰）。遁：逃也，又上（愿）。钝：利~（愿）。遯：同遁，又上（愿）。鷻：卵不成雏。（锻）：同破，音短去。（盾）：音腾，上，又音吮、允。

［八］嫩：老~（愿）。偄：弱也（翰）。懦：耎、儒二音。

［九］半：全半（翰）。

［十］泮：~水（翰）。判：剖也（翰）。胖：肥也，《周礼》读去，《大学》读平（翰）。胖：~合，合其半成夫妇。姅：妇人月经。泮：冰炀（翰）。拼：拚，~命，作聘音，误（问）（霰）。拌：同拼，俗作秤，和之秤误，又平。

［十一］畔：田~（翰）。叛：反~（翰）。孛：月~，又入声（队）。

［十二］幔：布~（翰）。霾：莫半切，云烟满天曰发~，韵书止收平声，音埋。（幕）：入声。

［十三］䜈：俗云佻嘴（翰）。钻：鑚，鞋~（翰）。撍：手掇也（勘）。（缵）：祖管切，上声。

［十四］寸：尺~（愿）。爨：灶也（翰）。窜：逃也（翰）。撺：掷也（翰）。篡：夺也（谏）。竁：坟也，葬也（霰）。参：渔阳参（勘）。掺：同上。掇：掐也。

[十五]饌：籑，食也（霰）。籑：同上。膳：同上。譔：撰，论~（霰）。焫：火种也，~过烧起。□：酒壶~。

[十六]巽：㢲，~乾（愿）。遜：谦~（愿）。蒜：葱~、大~。筭：算，~盘（翰）。算：同上。笇：同上。喥：嗖，喷也。

[十七]鏊：~空，又上（勘）。

[十八]憨：愚也，又平（勘）。□：蒸物。

[十九]憾：恨也（勘）。琀：口中含玉（勘）。䆉：即俗所谓稻~，苗将出谷曰~（勘）。

[二十]暗：明~（勘）。

[廿一]、[廿二]无字。

[廿三]论：~语，又平（愿）。乱：亂，治~（翰）。蘫：荄~，葭芦类（谏）。夈：顺也，又上（霰）。

入声

[一]鸽：白~（合）。閤：~门（合）。蛤：~蜊（合）。合：升~，又音盍（合）。韐：~韐，武士大带（合）。

[二]丐：乞~。磕：~头，又去（合）。矻：~~，用心劳悴（月）。搕：搕~，又吉韵。

[三]□：领入，疑即䆉之音转。

[四]兀：~~，不动也（月）。杌：梼~，楚史名，又《书》：邦之~陧，不安貌，又兽名（月）。卼：硊，卼~，困也（月）。扤：摇动也（月）。矹：硉~，不稳貌（月）。岉：嶭~，秃山貌（月）。（纥）：音合。（齾）：音盍。（矻）：苦骨切，音窟。

[五]答：~应（合）。掇：~来（屑）（曷）。咄：~~，犹俗言堆堆上声（屑）（曷）。柮：榾~，柴头也（月）。荅：小荳也（合）。

[六]脱：~去（曷）。涗：济~二水名（合）。棁：梁上短柱，又音拙，又短杖（月）。□：~钵。

[七]沓：沓，~儠（合）。遝：杂~，聚积也（合）。凸：凹~，脬也（月）（屑）。突：高也（月）。夺：奪，争敊（曷）。傞：傝~，不逊也。腞：肥也（月）。（闒）：音达。

[八]纳：入也（合）。讷：口内言不出（合）。内：同纳，又音耐。肭：膃~脐，海狗肾也（黠）。呐：~~，与讷同（屑）。揇：女人相见拱手曰~。

〔九〕鉢：缸鉢（曷）。缽：同上。拨：撥，~火（曷）。扒：~手。赹：将行登石（曷）。鱍：~~，鱼尾动（曷）。祓：襏，~襫，蓑衣也（曷）。迱：脚~走。

〔十〕泼：潑，~濫（曷）。

〔十一〕勃：~然（月）。字：月~（月）。钹：钉~（月）。誖：~~俗言似伐（月）。魃：旱，俗谓山魃（曷）。駁：兽似马（合）。悖：逆也（月）。渤：~海（月）。浡：气漭浡润也（月）。麴：粉也。馞：香也。芳：~荬，俗谓献米刺（曷）。友：赤~氏除虫豸者（曷）。馩：秘~，大香（月）。燐：蓬~，烟起也。誖：言乱也（月）。（綍）：音拂。

〔十二〕末：本末（曷）。抹：涂抹（曷）。沫：口吐白~（曷）。秣：喂也，《诗》言~吾马，俗作昧音读，误（曷）。茉：~莉花（曷）。帓：包头（黯）。没：水~（月）。殁：死也（月）。歾：同殁。

〔十三〕帀：对~（合）。匝：同上。啽：呛也。喢：蚊~血（曷）。拶：妇人~指刑，作伞音，误（曷）。砎：水激石也，俗语止水曰~水，疑即此~字。楸：同上。

〔十四〕猝：~然（月）。卒：同上，又音只。怵：~惕（质）。（淬）：音翠。

〔十五〕椊：以柄入孔，俗言作此，去，非（月）。

〔十六〕刷：糊~（黠）。崪：粒~。窣：窸~响（月）。厰：《说文》刷（屑）。靸：小儿鞋，又阔~，文字不苛而稳（合）。駁：~~动，行轻便也（合）。蹨：行速貌。跋：珠~鞋也（合）。

〔十七〕杂：雜，纯~（合）。凿：铁~（药）。崒：~岎高山（月）。襍：同杂，集也。

〔十八〕喝：~导（曷）。欱：大歠（合）。鲄：鱼名。□：汤~。（撼）：上声。

〔十九〕合：开~（合）。阖：开~（合）。盒：担~。榼：揭~（合）。饁：餲，饷田（叶）。盍：何不也（合）。嗑：噬~，卦名（合）。齕：齩也，又人名（屑）（月）。纥：回纥（月）。

〔二十〕罨：罨酱。唈：歍~，流涕也（合）。姶：美好也（合）。

〔廿一〕□：勿合切。

〔廿二〕帞：浅白，本音泼。

〔廿三〕粒：颗~（缉）。坺：等也，俗读作勒音，误（屑）。铧：十一朱，又二十朱之十三。

官韵

平声

[一]官：作官（寒）。观：觀，～望（寒）。干：求也（寒）。肝：肺～（寒）。竿：笋～（寒）。玕：琅～（寒）。乾：乾，～燥（寒）。倌：堂～，走堂人（寒）。蠸：～兔（先）。悁：忧也、忿也（先）。涓：流水（先）。娟：婵～（先）。鹃：杜～（先）。鹳：水鸟，平去二声，韵只收去。菅：茅～（寒）。棺：～材（寒）。冠：帽也，又去（寒）。犴：豻狗类能食虎豹，又揩、员、岸、愿五音。（狷）：狂～，止上去二声，无平。

[二]圈：～点，平上去三声，韵止上声。棬：杯～，俗作去声，误（先）。

[三]权：權，～柄（先）。拳：两～（先）。颧：～骨（先）。颟：同上（支）。卷：一～石，《说文》卷旁皆作叠（先）。鬈：发～（先）。弮：弓也（先）。倦：～～平，～怠去。

[四]元：状～（元）。沅：～水（元）。鼋：大鳖（元）。原：～伯之～从此，平～之～《说文》邍（元）。源：水～（元）。嫄：姜～（元）。騵：驹（元）。蚖：～蚕（元）。羱：～羊（元）（寒）。芫：～花（元）。刓：削也（寒）。犴：俄十切，豻类，有干、元、楷、愿、岸五音。豻：同上。

[五]至[十二]同甘韵。

[十三]专：專，～一（先）。耑：同上。甎：～瓦（先）。砖：同上。颛：～臾（先）。貒：同獾，似豕而肥（寒）。遄：～征，速也（先）。

[十四]川：山川（先）。穿：窬也（先）。荃：香草（先）。诠：～说（先）。筌：鱼～（先）。佺：偓～，仙人名（先）。铨：～选，平声，钗铨去声。拴：选择。痊：病愈（先）。悛：改也（先）。

[十五]传：傳，～家，又去（先）。椽：～瓦（先）。

[十六]宣：～布（先）。瑄：玉也（先）。萱：～草（元）。蕿：同上。蕙：同上。暄：日也（元）。喧：大语（元）。谖：欺也（元）。狟：兽名（寒）（元）。胘：搔也，～其腋下即笑不止，俗谓之缩（先）。谊：～譁。（嬽）：娜～，音欢。

[十七]全：～缺（先）。船：舟也（先）。旋：转也（先）。璇：～玑。璿：同上（先）。泉：水也，《说文》泉旁作泉（先）。还：還，回（先）。漩：水～，又去（先）。纯：三算为～（先）。

[十八]欢：歡，～乐（寒）。懽：同上。貆：～猪（寒）。獾：谊也（寒）。

驦：马名（寒）。昏：黄～（元）。昬：同上。婚：～姻（元）。阍：九～（元）。
鼾：困～，又音汗。儇：慧也（先）。荤：～素（问）。颟：颟～，糊涂也。嬛：
嫏～福地，又音穷（先）。（犿）：同犴，音干、员、元、岸、愿五音。

［十九］完：～全（寒）。圆：团～（先）。员：官～，又音运（先）（文）。
园：圜，花～（元）。丸：汤～，药～（寒）。桓：盘～（寒）。纨：～扇（寒）。萑：
～苇（寒）。湲：潺～，水滴也（元）（先）（删）。媛：淑～，又去（元）。樏：
～篗，络丝器（元）。翰：羽～，又去（寒）。魂：～魄（元）。缘：姻～（先）。橼：
香～（先）。袁：姓（元）。鸢：～飞（先）。浑：员、远、丸、溷四音，上声（元）。
猨：～猴（元）。猿：同上。垣：墙垣（元）。援：契也（元）。爰：于也（元）。犴：
员、岸、干、揩、愿五音。邯：邯郸（覃）。玄：康熙讳。锾：钱也，罚～（删）。
莞：～蒲，席草音绾（寒）。瓛：桓珪，公所执者（寒）。寒：～冷（寒）。皖：
～桐，安庆地名（先）。辕：车～，又姓（元）。韩：姓（寒）。悬：挂也，《说
文》县。县：同上，又去（先）。邗：～江（虞）。瑗：去声。

［二十］安：平～（寒）。剜：削也（寒）。鞍：马～（寒）。温：～暖（元）。
氲：氤～（文）。渊：潭也《说文》囦（先）。眢：～井，无水井（寒）（元）。瘟：
～疫。冤：～家（元）。鹓：～班（元）。鸳：～鸯（元）。缊：缊～，又音蕴（元）
（文）。宛：草覆也，又上声（元）。怨：愁～，又去（元）。蜿：～蜒（元）。
煴：缊～。

［廿一］［廿二］［廿三］甘韵同。

上声

［一］管：～着，又笔杆（旱）。舘：书～（旱）。馆：同上。琯：葭～（旱）。秆：
稻～（旱）。秆：同上。趄：～路。赶：同上。瘝：～～，忧病（旱）。狟：狂～，
又去（铣）。盥：洗手（阮）。捲：手～。卷：同上，又去（铣）。悺：～～，忧
无告也（旱）。簳：箭～。笴：同上（哿）（旱）。绻：缱～，又去（阮）。黔：
面黑气也。

［二］犬：狗也（铣）。畎：～亩（铣）。羂：挂也（铣）。（罥）：同上，
去声。圈：猪栏，又平去（阮）。

［三］权：上声。

［四］软：俗輭字。輭：同上，官音在十七母，土腔在此母，姑从俗易检。
阮：～姓（阮）。

［五］至［十二］与甘韵同。

［十三］转：轉，頬转（铣）。劗：截也，又去（铣）。

［十四］喘：气～（铣）。舛：～错（铣）。荈：茶名，老叶为～（铣）。

［十五］篆：～字（铣）。瑑：刻～（铣）。（掾）：音院。

［十六］选：選，拣～（铣）。

［十七］软：柔也，官腔在此，俗腔在四母。

［十八］罕：少也。罕：罕，同上，诗韵作此（旱）。烜：饭～透（阮）。铉：门～，又音贤（铣）。泫：～然（铣）。暵：旱，又去（旱）。燇：音燃，又音汉。

［十九］远：遠，～近（阮）。旱：大～（旱）。缓：不急（旱）。瀚：洗衣也，同浣，又去（旱）。悍：强～，又去（旱）。□：劝也，～你。

［二十］碗：盘～。盌：同上（旱）。宛：～转，又大～，平声（阮）。苑：～囿（阮）。婉：～转（阮）。琬：玉也（阮）。稳：平～（阮）。菀：紫～，药名（阮）。蜿：～蜒又平（阮）。踠：曲体（阮）。晼：～晚（阮）。畹：九～（阮）（捥）：乌怪切。（腕）：同上。（惋）：去声。（皖）：音完。（脘）：音管。

［廿一］［廿二］［廿三］同甘韵。

去声

［一］干：幹，～事（翰）。幹：桢～（翰）。卷：书卷（霰）。眷：亲～（霰）。绢：～缎（霰）。狷：狂～，无平，又上声。罐：茶～（翰）。鑵：同上（翰）。湔：澎～，水流疾也（翰）。灌：浇～（翰）。盱：宵～（霰）。睊：侧目视（霰）。鹳：水鸟，又平（翰）。观：觀，寺～，又平（翰）。贯：～串（翰）。盥：洗手，又上（翰）。雚：同鹳（翰）。冠：弱～，年二十，又平（翰）。缱：缱绻（愿）。骭：胁也（翰）。瑾：～玉（翰）。裸：祭酒灌地（翰）。馆：舍～，又上（翰）。悹：忧也（翰）。（捍）：音院。（扞）：同上。

［二］劝：勸，相～（愿）。券：劵，票也（愿）。罥：宵挂也（霰）。圈：猪栏，又平上（愿）。困：睡也，俗言在此，俗读在琨韵，去（愿）。

［三］惓：～怠之～去声，～～之～平声。倦：同上，劳也（霰）。劵：同上（愿）。

［四］愿：顾，心愿（愿）。願：乡～（愿）。犴：牢也，亭乡曰犴，朝廷曰狱，又揩、干、员、院四音。

［五］［六］［七］［八］［九］［十］［十一］［十二］与甘韵同。

［十三］啭：鸟鸣（霰）。劗：截也，又上声（霰）。缀：补～，系也（霰）。畷：田岸（霰）。

〔十四〕钏：手~（霰）。串：钱~（谏）。（铨）：平声。（诠）：平声。荃：香草，平声。穿：贯~，又平（霰）。

〔十六〕选：~官之~，去声，挑~，上声（霰）。潠：喷也，同喿（愿）。

〔十七〕旋：~转，又平（霰）。淀：水~，又平（霰）。

〔十八〕汉：漢，江潢（翰）。楥：鞋~头。楦：同上，俗（愿）。熯：《易》熯乎火，又烘也，又音然上声（翰）。焕：光也（翰）。奂：大也（翰）。暵：晒也（翰）。瑍：玉有文采。唤：叫也（翰）。涣：败~（翰）。绚：采色（霰）。眴：目动（霰）。□：瓯人打恭曰相~，揖也。

〔十九〕县：縣，府~，去，同悬，平（霰）。援：攀~，去，又手~，平（霰）。瑗：璧也，俗作平，误（霰）。媛：~姐（霰）。缘：~领（霰）。院：察~（霰）。掾：属官（霰）。汗：流~（翰）。澣：同浣，洗也。浣：同上。翰：~林（翰）。悍：强~（翰）。远：~近（愿）。岸：水边，两~（愿）。瀚：~海，北海（愿）。馯：蛮马（翰）。闬：里~（翰）。遁：逃也（翰）。銲：~药（翰）。釬：同上。垾：小堤（翰）。犴：又音干、员、揩、愿。（爰）：平声。（豻）：音卷。换：兑~（翰）。捍：~灾（翰）。扞：同上。

〔二十〕案：桌也（翰）。按：揣也，捺也（翰）。腕：手埦，俗作上声，误（翰）。惋：~惜（翰）。怨：相~（愿）。

〔廿一〕〔廿二〕〔廿三〕与甘韵同。

入声

〔一〕骨：~肉（月）。滑：~稽，诙谐也，又音活（月）。榾：~柮，柴头也（月）。决：必也（屑）。诀：口~（屑）。玦：玉~（屑）。决：决，~水（屑）。抉：摘~，搜求也（屑）。葛：~藤（曷）。鹘：~鸡，又音曷（曷）。撅：拨也（月）。刖：刐~，刻也（月）。鳜：~鱼，又音倔（月）。淈：浊也（月）。蠨：~蚂，兽名，甚相爱（月）。厥：于也，其也（物）（月）。蕨：~萁，其根如箸有粉（月）。蹶：跌也，又音倔（月）。鹘：回~，鸲属（月）。鞨：鞤~，纠缠也（曷）。濊：濊~，波势（曷）。觺：环有舌（屑）。觚：同上。鐍：锁也（屑）。吷：吹剑环声，又同畷（屑）。繘：汲水绳（质）。汩：~没，浮沉也，又音曶、密（质）（月）。谲：不正（屑）。橘：桔也（质）。缺：~舌，又作鸩（屑）。割：刀~（曷）。觖：~望，怨望（月）。橛：马唧也，又音崛（月）。（璚）：同琼。（匈）：音盖。

〔二〕阙：补~（月）。窟：月~（月）。堀：孔~（月）。渴：口~（曷）。阕：

一～，乐一止也（屑）。屈：屈，曲也。缺：缺少（屑）。腘：本音栝，脚曲中也，瓯腔似屈，故谓膝曰脚～头。（倔）：音及。（崛）：音及。掘：音及。

　　[三]橛：其月切，又音厥（月）。倔：～强，又音及（物）。掘：～地，又音及（月）（物）。㭸：同橛。不：半段曰～。鷢：白～，似鹰，尾白（月）。

　　[四]月：日月（月）。刖：去膝盖刑（黜）（月）。抈：折也（月）。枂：麦～（曷）。耘：同上。薛：同柏（月）。

　　[五][六][七][八][九][十][十一][十二]与甘韵同。

　　[十三]拙：猰（呆）拙（屑）。辍：止也（屑）。啜：饮～（屑）。缀：系也，又去（屑）。棁：梁上短柱，又音脱（屑）。剟：削也（屑）（曷）。茁：萌芽，又音扎（质）。稡：会～旧说（月）。醊：歠，食也（屑）。畷：田岸也（屑）。惙：忧也（屑）。准：準，～头，鼻头（屑）。橇：泥行乘～，车类（屑）。歠：饮～（屑）。（这）：音彦，俗读俱作此音，犹言此个。（咄）：音答。诎：音乞。（柮）：音答。（朏）：音斐。（黜）：音出。

　　[十四]出：～入（质）。黜：～涉（质）。

　　[十五]尤：瓯城是此音，弊处在菊韵（质）。

　　[十六]雪：雨～（盾）。说：～话，又同悦（屑）。洫：沟～（职）。恤：爱～（质）。衈：同上（质）。

　　[十七]术：法～（质）。述：作～（质）。绝：断～（质）。崒：崔～，山高（质）。秫：稉稻（质）。蒩：茅～，束茅表位，不注何物（屑）。

　　[十八]芴：朝～（月）。忽：～然（月）。惚：慌～（月）。瞂：翻～，飞也（月）。血：气～（屑）。痐：睡一觉也。慧：同上。洫：静也，閟宫有～（职）。

　　[十九]悦：喜～（屑）。说：同上，又音雪、税。核：果～，又音洽（月）。越：越国，《说文》戉（月）。楲：～朴（职）。樾：树阴（月）。钺：斧～（月）。麧：糠～，《史记》作覈（月）。覈：核，考～，又音洽（陌）。役：差～（陌）。阈：门限，又阅～，世家也（职）。罭：罬，网也（职）。域：疆～（职）。緎：裘缝（职）。淢：波纹（职）。遹：遵也，又述也，回～（质）。鹬：～鸟，知天将雨（质）。潏：湛露，沂～，流也（质）。霱：云五色为庆云，三色为～云（质）。獝：狂也（质）。鴪：～彼辰风，快也（质）。聿：于也（质）。粤：于也，又通越，《说文》寉（月）。穴：窟也（屑）。阅：视也（屑）。蚗：蠛～，蚌也（月）。蜮：独螯～，蟹也（职）。疫：瘟～（陌）。

　　[二十]曷：何也（曷）。遏：止也（曷）。褐：～布（曷）。碣：坝也（曷）。餲：食臭败也（曷）。頞：鼻梁（曷）。汩：水流（质）。抈：～搄，击也（质）。

髦：～毛（曷）。阏：太岁在卯曰～逢，又音烟（曷）（月）。鹖：斗必至死，勇士～冠（曷）。（喝）：于歇切。

〔廿一〕〔廿二〕〔廿三〕与甘韵同。

高韵

平声

〔一〕高：髙，～矮（豪）。篙：撑～（豪）。筶：同上。膏：脂～，油也，又去（豪）。羔：羡羊（豪）。餻：餻餸（豪）。糕：同上俗。鼛：～鼓（豪）。皋：皋，～陶（豪）。皐：《说文》皐。皋：同上，又音臼。橰：橰，桔橰抋水器（豪）。

〔二〕尻：臀也（豪）。（栲）：上声。（熇）：音霍，又靠。（熇）：同上。

〔三〕（翱）：平声。

〔四〕鳌：～鱼（豪）。鳌：同上俗。敖：～游，《说文》敖旁字皆作敖。熬：～煎（豪）。璈：乐器（豪）。螯：蟹钳也，本音敖，俗作康音，误（豪）。翱：翱，翱翔，飞也（豪）。嗷：叫也（豪）。謷：同上。遨：～游（萧）。聱：～牙（肴）。廒：仓也。驁：骏马（豪）。獒：旅～，犬名（豪）。□：～牢。

〔五〕刀：～剑（豪）。

〔六〕叨：～光（豪）。滔：～～流水（豪）。绦：丝～（豪）。韬：同上，又～畧（豪）。绍：同上，俗。慆：喜也，又慢也（豪）。忉：忧也（豪）。弢：藏也（豪）。饕：～餮，贪也（豪）。

〔七〕桃：桃李，《说文》兆旁皆作烑（豪）。逃：～走（豪）。陶：地匋，又音摇（豪）。淘：匋井（豪）。萄：葡～（豪）。绹：绳也（豪）。鼗：鼗鼓（豪）。鞉鼗：同上。梼：檮，檮杌，不才子（豪）。咷：小儿哭泣声（豪）。翿：羽扇（豪）。醄：酕～，醉也（豪）。匋：养也，又作瓦器，即《说文》陶字（豪）。纛：大旗，音陶、道、导、毒四音，诗韵止收导、毒二音。涛：波～（豪）。

〔八〕猱：猴也（豪）。夒：母猴（豪）。臑：猪羊腿（豪）。猇：山名（豪）。

〔九〕襃：～奖。褒：同上（豪）。（裒）：音浮。（哀）：音装。（褎）：音右，即袖字。（袞）：同上。

〔十〕槀：大也。橰：大柚。

〔十一〕袍：蟒～（豪）。掊：引取（肴）。捊：同上（肴）。枹：同桴，鼓槌（尤）。

〔十二〕谋：计～（尤）。毛：皮毛（豪）。牦：氂，～牛，又音离（豪）。

茝：溪~，苹藻类（豪）。耄：老也，七十（豪）。牟：牛鸣，又~尾（尤）。鍪：兜~，盔也（尤）。

[十三] 糟：酒糟（豪）。遭：遭逢（豪）。臢：腌~，不洁也（臢臜，臢脏，腌臢，腤臢，肮脏）。（嘈）：音曹，又去。

[十四] 操：执也，又去（豪）。（造）：去声。（糙）：去声。

[十五] 曹：荼毛切，官音。

[十六] 搔：抓也（豪）。骚：忧也（豪）。臊：羊~气（豪）。缲：抽丝（豪）。飈：风声。

[十七] 曹：儿~，又姓，曹旁《说文》作曺（豪）。槽：猪槽（豪）。嘈：~起，又去（豪）。蝤：~虫，俗言蛴虫（豪）。漕：~运，运粮官（豪）。艚：扈~，渔船。

[十八] 蒿：篷~（豪）。薅：拔去田草。（熇）：音嚣，又音霍，又音考。

[十九] 豪：~杰（豪）。毫：~厘：（豪）。壕：水岸（豪）。号：號，哭也，又去（豪）。嗥：嘷，虎叫（豪）。

[二十] 燺：~熟。鏖：鏖，~战，酣战也，又同上（豪）。腌：~臜，又音咽。衮：文火煨肉。

[廿一] □：夫刀切。

[廿二] 浮：~水，俗言似扶（尤）。蜉：~蝣，蛾属（尤）。桴：鼓槌，又乘桴，音夫（尤）。罘：~罳，檐上网（尤）。芣：~苢，车前草（尤）。

[廿三] 劳：勞，~力（豪）。捞：水中~起，又音寮（豪）。牢：牛曰大~，又~狱（豪）。窂：坚固也。醪：酒也（豪）。簩：竹也（豪）。痨：虚病。（膋）：肠油，音寮。

上声

[一] 稿：草~。槁：同上（皓）。缟：鲜色，又去声（皓）。杲：日出（皓）。槀：枯~（皓）。暠：明也（皓）。镐：丰~，地名（皓）。鄗：同上（皓）。滈：水名（皓）。夰：放也，又音皓（皓）。皞：音皓。皓：音皓。（犒）：去声。

[二] 考：~试（皓）。栲：~栳，车轮，又箬笔（皓）。薧：鱼干（皓）。熇：热也，又音嚣、霍、壳三声（沃）（屋）。□：油饼曰~。

[三] 戥：上声。

[四] 藙：五老切，瓜藤苗头。颗：大头曰颡~。

[五] 擣：~杵（皓）。捣：同上。祷：裯，禳也（皓）。倒：跌倒，又音

到（皓）。岛：仙~。嶹：同上。

[六]讨：乞也（皓）。套：袍~，外~（皓）。套：同上，俗。

[七]道：~理（皓）。稻：~麦（皓）。衜：衎~。稺：禾六穗（皓）。敦：《周礼》每~一几，又音导、对、东、顿、团、端、盾、刁、準、纯、探、田共十三音。纛：大旗，诗韵止收号、沃二韵。

[八]脑：腦，~囟（皓）。硇：码~（皓）。恼：~怒（皓）。

[九]保：~全（皓）。褓：緥~，小儿衣（皓）。葆：~盖，又草木丛生（皓）。堡：~骶（皓）。宝：寶，~贝（皓）。鸨：~母，鸟囧（皓）。猓：音保，又音某，俗作猓音惧。

[十]剖：判也（虞）（有）。

[十一]抱：手勺，又怀褱（皓）。

[十二]亩：田晦。牡：雄也（有）。媢：妬妇，又去（皓）。

[十三]早：~迟。蚤：~虱（皓）。枣：棗，~栗（皓）。藻：菓，水草（皓）。璪：玉石（皓）。缲：华~之~，上声，三~之~平声。澡：~身（皓）。瓃：玉名（皓）。

[十四]草：艸木（皓）。騲：雄~。艸：同草，古文。屮：同艸，又音辙。

[十五]（造）：官音池皓切，在此母。

[十六]嫂：兄嫂（皓）。埽：~帚，上去二声（皓）。扫：同上。燥：干~，上去（皓）。

[十七]造：~作（皓）。皁：~隶，又青色也（皓）。皂：同上。

[十八]好：~歹（皓）。

[十九]浩：~然（皓）。皓：白也（皓）。颢：白也，大也（皓）。灏：水势远也（皓）。昊：~天（皓）。皞：太皞（皓）。夰：太~入于囨，又音杲（皓）。艁：以舟为桥（皓）。暠：~~，洁白。滈：久雨（皓）。

[二十]袄：棉~（皓）。媪：老妇（皓）。燠：窭，大热（皓）。

[廿一]否：不也（有）。缶：瓦~（有）。

[廿二]阜：高~（有）。（缶）：音否，俗作阜音误。

[廿三]老：~人（皓）。筹：篛~。潦：行潦，水圳（皓）。獠：夷种（巧）（皓）。藔：干梅（皓）。栳：栲~，车轮（皓）。恅：悼~，心乱（皓）。澇：久雨（皓）。

去声

［一］告：～诉（号）。诰：～命（号）。缟：～素，上去（号）。犒：劳赏军士，作上声误（号）。鎬：同上。膏：～润去声，脂～平声（号）。郜：地名（号）。

［二］靠：～天（号）。鮳：鱼干。

［三］戬：倚～，此字字书所无，俗通并见《申报》。

［四］傲：骄～（号）。乐：好～，又音洛、岳（效）。奡：羿～（号）。骜：马也（号）。

［五］倒：～头，又上（号）。到：走～（号）。祷：祈禬，祭也，又上（号）。

［六］套：外～，上去二声，诗韵止收上声。套：同上俗。

［七］导：導，引～（号）。道：言也，又上。盗：～贼（号）。帱：覆～（号）。翿：羽扇，又平（号）。悼：惜也（号）。纛：大旗，又音导、道、毒（号）。蹈：踏也（号）。敦：《周礼》几筵，每～一几，又俦、道、对、端、团、顿、盾、东、刀、准、田、探共十三音。（淖）：音闹，又音鹊。璹：玉也，又音受。

［八］耨：耕～。槈：同上（宥）。

［九］报：報信（号）。飑：大风，瓯人谓将有风曰起飑。傫：直。史馆曰～直（效）。

［十］（炮）：五十都六七八九等里言火～是此音。

［十一］暴：强暴（号）。虣：同上。瀑：～布，又音仆（号）。菢：～鸡子，又音步（号）。

［十二］帽：顶～（号）。冒：假～，又音墨（号）。茂：～盛（宥）。瑁：玳～（号）（队）。懋：盛大也（宥）。楙：同上，又木瓜名（宥）。眊：目不明（号）。楣：户枢上梁（号）。耄：老～，又平（号）。旄：《孟子》反其～倪，去声，又平（号）。芼：《诗》左右～之，采拔也（号）。娼：忌也，妒～（号）。贸：～易（宥）。袤：横曰广，直曰～（宥）。瞀：目不明（宥）。

［十三］竈：镬～（号）。灶：同上。躁：暴～（号）。噪：譟，群呼也（号）。噪：鹊～（号）。澡：音早。

［十四］造：走也，又音皂（号）。操：操持也，平去二声（号）。糙：粗～（号）。慥：～～，急也（号）。趮：疾也（号）（噪）：音灶。

［十五］□：治到切。

［十六］燥：～泞，上去二声。埽：洒～，上去二声（号）。扫：同上。毷：下第吃酒谓之打毷～（号）。

［十七］嘈：牛转～，又啰～，吵也。漕：～米，又平（号）。凿：不量～而正柄，又音杂（号）。

［十八］好：～恶，又上（号）。耗：虚～，本作秏（号）。訫：音信，无訫，俗作无耗，误。

［十九］号：字～，去声，号叫平声。（号）。

［二十］奥：深～，奥旁之字《说文》皆作奔。岙：嶅，山～（号）。隩：同上（号）。墺：同上（号）。澳：水隈（号）。懊：～悔。燠：热也，又音郁（号）。峁：同嶅，俗。

［廿一］覆：盖也（号）。

［廿二］复：復，夏，又也（宥）。□：～起，造也。

［廿三］劳：劝～，又平（号）。涝：久雨，又上（号）。痨：受药毒也，又平。嫪：姓，～毐（号）。（捞）：音寮。

入声无字

骄韵

平声

［一］骄：驕，～傲（萧）。娇：嬌，～嫩（萧）。浇：澆，水～、～薄（萧）。儌：～倖，又上（萧）。骁：～勇，又音枭。

［二］蹻：脚～，又音桥、矫、谲、脚、樏。蹺：同上。蹻：同上。橇：禹所乘泥行之车。

［三］桥：橋，板～（萧）。乔：喬，～木，古木（萧）。侨：～寓，旅寓也（萧）。嶠：不知也。翘：～首（萧）。蹻：～足而待。荞：～麦，花麦（萧）。荍：同上（萧）。峤：高山，又去（萧）。轿：抬轿又去（萧）。骁：～勇，音浇。

［四］尧：堯，～舜（萧）。垚：古文尧。垚：亦古文尧，今人作遥音，误。峣：嶤，岧～，高峻（萧）。饶：足也，又让（萧）。侥：僬～，短人（萧）。

［五］雕：～花，又鸟名，又落也（萧）。彫：同上（萧）。凋：同上。刁：～恶（萧）。貂：～鼠（萧）。髫：～年，少年（萧）。敦：《诗》～弓既坚，又～琢其旅（萧）。（倜）：音惕。（鼗）：音桃。

［六］挑：肩～，～达（萧）（豪）。佻：～健，轻～，又音条（萧）。跳：平去二声（萧）。桃：祧也（萧）。铫：铜～（萧）。刜：～刺。恌：偷也，轻薄（萧）。洮：临～，水名（萧）。（咷）：音桃。

［七］條：条，一～（萧）。条：同上，便。迢：～遰（萧）。调：风～，又去（萧）。

趒：~走。苕：~菜（萧）。蹺、跰：同趒，瓯人谓走曰~。佻：独行貌，又~巧，又音傜，又上声，无桃音（萧）。

[八]□：奴条切。

[九]标：锦檦（萧）。杓：斗~，北斗五至七为杓（萧）。镳：马衔铁。膘：肥也（萧）。瀌：水~（萧）。熛：火~（萧）。麃：武也，人~甚（萧）。儦：~~，多行（萧）。彪：~虎（尤）。□：~致。

[十]飘：风飙，票旁《说文》皆作虋（萧）。漂：~流，平、上、去三声（萧）。僄：轻便，又去（萧）。螵：~蛸，乌贼骨。

[十一]瓢：瓜瓢（萧）。薸：浮萍（萧）。剽：大钟曰镛，中钟曰~，又~窃，去声（萧）。嫖：宿妓曰~。摽：麾也，孟~使者出。

[十二]苗：稻~（萧）。描：画也（萧）。蚂：蚕~。

[十三]朝：晨也，《说文》䪢（萧）。招：~财（萧）。昭：明也（萧）。焦：乌~、心~（萧）。蕉：芭~（萧）。谯：~楼（萧）。椒：胡~（萧）。刁：刑也，又远（萧）。僬：~侥，小人，又去。鷦：~鹩，鸟名（萧）。燋：热也（萧）。噍：声~（萧）（尤）。（嘲）：音庄，节交切，即俗所谓糟笑也。

[十四]超：~出（萧）。锹：饭~（萧）。㵹：同上。

四十七八等都自十三母至十六母皆读如迦韵。

[十五]潮：~水长落（萧）。朝：䪢，~廷（萧）。鼂：姓（萧）。晁：~姓，宋以后俱通作赵，本平声。

[十六]萧：蕭，~然（萧）。箫：吹~（萧）。潇：~湘（萧）。霄：云~（萧）。宵：~夜（萧）。俏：同萧，又飞声（萧）。此六字四十七八等都俱读作迦韵十六母。消：~雪（萧）。销：~化（萧）。硝：朴~（萧）。蛸：蟏~，肴韵，螵~，萧韵。绡：鮹~（萧）。魈：山~（萧）。逍：~遥（萧）。烧：~火，又去声（萧）。

[十七]韶：舜乐名（萧）。劭：美也，平去（萧）。桡：桨也（萧）。轺：使车（萧）。佋：价也，又上（萧）。樵：柴夫（萧）。荛：同上，刍~（萧）。艄：船也，吴~（萧）。饶：音尧。

[十八]掀：~起，又音欣（元）。嚣：誼哗也，又~，自得貌（豪）（萧）。枵：空也（萧）。枭：不孝鸟（萧）。鸮：鸱~（萧）。歊：热气（萧）。哓：~~，惧音（萧）。熇：暴也，又音霍考。

[十九]瑶：玉也（萧）。窑：瓦匋（萧）。窰：同上。徭：~役，本作傜，《说文》繇（萧）。谣：~言（萧）。陶：皋陶，又音桃（萧）。遥：~远（萧）。飖：飘~（萧）。愮：忧也（萧）。猺：夷种，广西有~民，洞居，出肉桂（萧）。珧：

- 101 -

江～柱（萧）。姚：舜姓（萧）。繇：皋～，又音由（萧）。佻：同傜，又音条，又上声，无挑音（萧）。

［二十］要：求也，勒也，又去声，又通作腰，《说文》㑺，下同（萧）。腰：㑺肾（萧）。葽：《诗》四月秀～，远志也（萧）。喓：～～，虫鸣（萧）。邀：请也（萧）。傲：徼，～幸，又音缴、骄（萧）。幺：小也（萧）。夭：～～，如色愉也，桃～～，少好貌，《说文》芺（萧）。祅：地反物为祅。妖：～怪。

［廿一］［廿二］无字。

［廿三］僚：～友、同～、臣～，又上声（萧）。寮：寮旁字《说文》皆作竂，寺院～，又灰～（萧）。辽：遼，远也（萧）。燎：火～，又去（萧）。獠：夷种（萧）。撩：～衣（萧）。鹩：鹪～（萧）。镣：脚～（萧）。嘹：声音～嚎（萧）。料：量也，又去（萧）。捞：水中～物（豪）。膋：肠油，俗作劳音，误（萧）。寥：寂～，清靖（萧）。聊：且也（萧）。龙：龍，蛟～（东）。隆：高盛。此二字官音如龙（东）。（疗）：去声。（屪）：阳物。漻：清也（萧）。

上声

［一］矫：矯，～情。皎：白也（篠）。蟜：虫也（篠）。娇：美也，又平（篠）。傲：～幸，又平（篠）。挢：举手（篠）。蹻：～～，武也，又音跷、乔、脚、樵（篠）。矫：纠～，攻讦也（篠）。缴：衙署以文书钱谷上交为～，又音勺。（徼）：平、去二声。挍：拭也，音枧，双声，疑是缴桌～字。

［二］（巧）：官音窍上。

［三］撬：贼～，俗用，字典音跷，举也。

［四］褭：骉～，神马（篠）。嫋：袅，～～，长弱貌（篠）。袅：同褭，加三爵曰簪～，言以组饰马也（篠）。嬝：同袅。劓：～鼻屋毛，字典鼻部。（鸟）：丁了切，音鵃，俗误作此母。

［五］鵃：～皮裌。鸟：鳥，丁了切，不知何时误作第四母袅音，今俗语尚未误也，鸟雀（篠）。屌：小儿阴。乛：同鵃。

［六］挑：～选（篠）。佻：出～，又平（篠）。朓：月见西方，又去（篠）。□：箅一～。

［七］掉：～转（篠）。筱：篠，竹～，同篠（篠）。窱：窈～，深远貌（篠）。莜：草器（篠）。眺：～麦。

［八］嬲：奴了切，戏扰也（篠）。

［九］表：外也，《说文》裒（篠）。裱：～褙，又去声。嶢：山巅（篠）。

标：標，木末，又平（筱）。褾：袖端领~（筱）。

[十]漂：澳布，平、去、上三声。缥：~渺（筱）。瞟：眼~，又平。

[十一]摽：击落也，摽梅，又平（筱）。慓：急性（筱）。殍：饿死，又同莩（筱）。藨：醋~，以治切，在十九母，薙也，今人言在此母。

[十二]秒：分~，每时八刻，每刻十五分，每分六十秒（筱）。一个时辰两个小时。杪：月~，月尽也（筱）。渺：~茫（筱）。眇：只眼也（筱）。缈：缥~，依稀（筱）。（妙）：去声。（纱）：同上，去声。藐：《孟子》说大人则~之，《庄子》~姑射之山，张衡《西京赋》昭~流盼，皆音眇；《尔雅》~，茈草，《诗》既成~~，听我~~。《上林赋》凝睐绵~，皆音模。（邈）：音摸。

[十三]沼：池~（筱）。昭：明也，又平（筱）。

[十四]悄：悄然（筱）。湫：湫隘之~，音悄，龙湫之~，音秋（筱）。昭：视也。婂：粉也，粴~（筱）。麨：同上。弨：弓反也，又平。

[十五]赵：趙，还也，又姓（筱）。兆：十万曰~，又预兆（筱）。旐：旗也（筱）。肇：启也（筱）。羪：未岁羊（筱）。駣：四岁马（筱）。鮡：鱼名（筱）。（晁）：平声。

[十六]小：大~（筱）。少：多少之少，上声；老~之~，去声（筱）。筱：小竹也（筱）。苬：柴~。此字四十七、八等在迦韵十六母。

[十七]扰：打扰（筱）。绕：缠也（筱）。遶：同上。绍：继也（筱）。佋：价~，又平（筱）。娆：乱也（筱）。

[十八]晓：天光~（筱）。此字四十七八等都在迦韵十八母。

[十九]皛：美目也。藃：~子，薙也，俗言作莩音，又名赵蒜。鷕：雌雉鸣，又音沓。骱：肩骨。以上四字俱以沼切。

[二十]杳：~然（筱）。渗：水深（筱）。舀：~水，挹也。抏：同上。窈：~窕（筱）。夭：寿~（皓）（筱）。窅：深目（篠）。皛：明也（筱）。滜：深也（筱）。潒：浩~，深大也（筱）。鷕：~~，雉鸣。芙：紫~，草也（筱）。（黝）：本音襆（有）。

[廿一]夫小切。

[廿二]扶眇切。

[廿三]了：~结（篠）。蓼：辣~（筱）。垅：壠，山~，又音笼。了：瞭，视明也（筱）。僚：~友，又平（筱）。缭：~绕（筱）。袅：裤也（筱）。燎：~原，又平（筱）。

去声

［一］叫：咁，呼也（啸）。敫：～头，吵叽上用者，又音跃（啸）。徼：游～，逻卒也（啸）。諁：同叫，又埛也（啸）。訆：大呼（啸）。嗷：吼也（啸）。獥：狼子（啸）。

［二］窍：孔～（啸）。趫：～起，又平。顮：～头，高也。（翘）：～起，同上。（趬）：音桥、跷。

［三］轿：坐～，又平（啸）。峤：员～（啸）。嶣：倪吊切，宜第四母。

［四］绕：繞，脚～，又上（啸）。尿：小便，同溺，俗作渝音，误（啸）。顤：额～，头长也（啸）。（遶）：音扰。嶤：倪吊切，高山。

［五］弔：～孝，又音的（啸）（锡）。吊：同上，俗。钓：～鱼（啸）。茑：～萝，附木藤（啸）。

［六］趒：～起（啸）。跳：同上。臬：難，～谷（啸）。眺：～望（啸）。頫：同上，又音俯（啸）。覜：列国大夫众来曰～，寡来曰聘（啸）。朓：月微明也，又上（啸）。

［七］调：腔～，又平（啸）。铫：铜～。掉：～转，又上（啸）。蓧：草器，荷～（啸）。藋：藜～（啸）。窵：宦～，深邃（啸）。嬥：～娆，不仁（啸）。

［八］尿：同溺，又泥吊切（啸）。

［九］骠：骖骑（啸）。俵：散也（啸）。裱：领～，又上（啸）。

［十］票：爨券。僄：轻便，又平。剽：～窃，强也，又平（啸）。勡：劫也（啸）。漂：～絮，又上平（啸）。慓：疾速也（啸）。□：稻初出谷时，有虫食稻心，不能成谷，曰稻～。又说眼花时，被风不实，亦曰～。

［十］摽：击也（啸）。

［十二］庙：廟，宗～（啸）。庿：同上，俗。莓：红～。妙：好也（啸）。玅：同上。缪：姓，又音木（宥）。谬：～言，诈（宥）。

［十三］照：灯曌（啸）。炤：同上。诏：皇～（啸）。醮：斋～，再～（啸）。僬：～～，走无容止（啸）。釂：饮酒杯干（啸）。噍：声～（啸）。爝：一～一～，一亮也（啸）。醮：音赞。

［十四］诮：讥～（啸）。□：粗～。*此母四十七八等都读迦韵十四母*。

［十五］召：请～（啸）。

［十六］笑：言～（啸）。肖：贤也（啸）。鞘：刀～（啸）。鞒：同上。少：年～（啸）。烧：野火～，又平（啸）。燋：火炽，俗言火～有客。

［十七］邵：~公（啸）。召：召信臣，同上。劭：善也，年高德~，去平（啸）。（绍）：上声，俗作去，误。

［十八］娆：解~，除苛不仁也（啸）。

［十九］耀：光也（啸）。曜：七~，日月五星也（啸）。鹞：~鹰。燿：火光（啸）。趭：走也（啸）。□：纸~起。

［二十］要：爱也，《说文》要旁皆作㝠，又通平（啸）。褄：裤~（啸）。窔：隐，暗处（啸）。葽：草盛，又平（啸）。约：《前汉·礼乐志》明德乡，治本约，音要（啸）。

［廿一］［廿二］无字

［廿三］料：~事（啸）。廖：姓（啸）。燎：庭燎，平去（啸）。疗：瘵，病愈，平去（啸）。鹩：鸟名，平去（啸）。罾：渔网（啸）。嘹：~亮平去（啸）。

入声无字

【徵音四韵】

赀、鸡、兼、该

赀韵

平声

［一］［二］［三］［四］［五］［六］［七］［八］［九］［十］［十一］［十二］，以上十二母无字。

［十三］赀：财也（支）。赀：贇，见~。资：取也，资治（支）。咨：~嗟（支）。谘：同上。粢：~盛，黍食（支）。觜：~火猴，西方宿，又同嘴（支）。訾：~讥，娵~（支）。踟：~蹰（支）。芝：~兰（支）。之：语助辞（支）。知：~觉（支）。姿：天~（支）。淄：水名。缁：~衣（支）。锱：~铢，细少也（支）。辎：~重（支）。耔：耘~（支）。仔：~肩（支）。孜：~~，勤也（支）。䶈：皮~而结~也。脂：油也，又胭~（支）。卮：酒杯（支）。觯：角杯，平去（支）。髭、頾：俱须也（支）。兹：今也，又此（支）。滋：~润（支）。赍：賫，送也（支）。胔：腐肉（支）。眵：眼中凝汁（支）。纯：《礼》~帛无过五两，又音屑、屯、準。

［十四］絺：~绤，苎布（支）。蚩：无知也（支）。嗤：笑也（支）。媸：

丑也。痴：~呆（支）。雌：~雄（支）。魑：~魅（支）。摛：~藻扬葩（支）。螭：如龙而无角（支）。鹾：酒瓶（支）。齝：牛食草反出嚼曰~（支）。鸱：~鸮（支）。褫：夺衣，平去声（支）。差：参~，《说文》差旁皆作嵯，又音钗、初（支）。

[十五] 迟：遲，早~（支）。驰：~驱（支）。持：手执也（支）。蚳：~蛙（支）。治：~于人也。雉：~鸡，又上（支）。

[十六] 思：思想（支）。飔：风~~（支）。诗：~书（支）。师：師，弟（支）筛：米~（支）。狮：~子（支）。施：令旎（施），又音世（支）。笞：打也（支）。司：老~，又去（支）。斯：此也（支）。蓰：倍~，五倍也（支）。澌：水名（支）。籭、籭、篩：俱同筛。廝：~养（支）。撕：提~（支）。嘶：本音西，高叫也（支）。丝：蚕~（支）。蓍：~草（支）。私：公~（支）。缌：细苴~麻之服（支）。腮：本音西，鱼颔内之腮（支）。尸：~位（支）。尸：死人（支）。偲：~~，详勉（支）。鸤：鳲，~鸠（支）。罳：罘~，以网为帘（支）。

[十七] 时：~辰（支）。旹：同上，古文。鲥：~鱼（支）。而：转语（支）。耏：毛也（支）。胹：熊~，熊掌也（支）。（注：胹，本意煮烂熟，此语似误。）漓：水流也，又涟~，涕泪（支）。词：~赋（支）。辞：辭，推~。辝：同上（支）。祠：~堂（支）。塒：鸡栖也（支）。瓷：~盘，碗料曰~器（支）。磁：~石，吸铁石（支）。慈：~悲（支）。鹚：鸬~（支）。糍：餈，馍~。餈：同上。茨：刺也（支）。疵：病也（支）。粢：~头（支）。秄：同上。秅：同上。阰：升~（支）。（豉）：豉~去声。（秏）：末~，上声。

[十八] 至 [廿三] 无音无字。

上声

[一] 至 [十二] 皆无音无字。

[十三] 子：儿~（纸）。仔：平、上二音（纸）。籽：平、上二音（纸）。止：行~（纸）。趾：脚~头（纸）。阯：基~（纸）。址：同上。沚：水中地也（纸）。祉：福~（纸）。芷：白~（纸）。黹：妇人做针~（纸）。笫：床簀也（纸）。胏：脯有骨（纸）。畤：祭处（纸）。姉：~妹（纸）。姊：同上（纸）。旨：旨，圣~（纸）。指：手~，拇~曰大指头，食~曰主天~，将~曰中央~，名~曰无名~，小~曰小~头（纸）。胏：胯肠也。梓：桑~，乡里也（纸）。滓：渣也（纸）。只：一~（纸）。咫：八寸（纸）。徵：~羽，又音精（纸）。訾：~毁，又平（纸）。茈：兰~，香草（纸）。

[十四] 此：彼~（纸）。耻：廉~（纸）。侈：放~（纸）。齿：牙~（纸）。

褫：夺衣服，又平（纸）。誃：～然，人不服意，又平去（纸）。沝：汗也（纸）（荠）。

[十五] 雉：雉鸡，又平（纸）。峙：高也（纸）。痔：～疮（纸）。廌：虫～（纸）。豸：同上，又兽似虎而有角，能触邪，御史冠此。阤：落也（纸）。（穉）：去声。（巀）：去声。

[十六] 史：子史（纸）。始：初也（纸）。葸：畏惧也。弛：废～（纸）。徙：迁移也（纸）。屣：敝～鞋（纸）。豕：猪也（纸）。死：不生也（纸）。蓰：五倍，又平（纸）。使：差使（纸）。矢：箭头，又粪（纸）。枲：麻也（纸）。屎：粪也，又音希。迤：放纵也，《汉书》～以陆离，又音朵。（弛）：音待。

[十七] 是：～否（纸）。士：读书人（纸）。仕：作官人（纸）。市：街～（纸）。柿：柿饼（纸）。巳：辰～（纸）。尔：爾，汝也（纸）。尒：同上，便。似：侣，相像（纸）。姒：娣，禹姓（纸）。耳：～朵（纸）。迩：近也（纸）。耔：耒耔，秕属，俗作平声，误（纸）。兕：虎～，野牛也，作平，误（纸）。俟：候也，作去声，误（纸）。祀：祭禩。氏：姓～，作去声，误（纸）。恃：自～，上、去二声（纸）。汜：江有～，水流复入也，作起音，误。氏：姓～，作去声，误（纸）。视：看也，又去（纸）。騠：騄～，马名。庀：堂帘也（纸）。涘：河水，涯水（纸）。栭：木耳也。栮：同上。饵：饼～，音耳，又音寺，作味音，误。（眦）：音砦。

去声

[一] 至 [十二] 俱无音无字。

[十三] 志：志愿（置）。誌：誌，记也（置）。痣：点痣（置）。置：置，立也，记也（置）。至：到也，《说文》至旁皆作望（置）。致：～君（置）。郅：～治。致：緻，细也（置）。寘：同置（置）。胝：腐肉，又平（置）。轾：轩～，轻重也（置）。觯：酒杯，又平（置）。疐：跋～，又音帝。知：仁～，聪明，又平。智：同上（置）。识：識，忆也，又音式（置）。忮：～强，害也（置）。懥：忿～，怒也（置）。鸷：强很鸟（置）。踬：跌也，蹈也（置）。质：委～，又音只。贽：同上，又去（置）。挚：掣，握持（置）。（絷）：入声，音执。

[十四] 次：～第（置）。觇：～着，视也（置）。炽：盛也（置）。帜：旗也（置）。恣：放～（置）。佽：助也（置）。胾：肉也（置）。刺：～戳，又音尺辣（置）。厕：坑～，贮粪（置）。翅：鱼～，又音啻（置）。眙：目瞪视也，又音怡，盱～，县名。哆：张口也（置）。饎：食也，女～，能治食者（置）。

（眦）：音自。（褆）：平上二声。

［十五］治：平~（置）。稺：小而也（置）。稚：同上，俗作上声，误。迟：待也，与平声异（置）。豨：猪也，俗作舐音，误（霁）。

［十六］四：三~（置）。试：考~（置）。思：意~，又平（置）。肆：店肆，又放~，又同四（置）。泗：水名（置）。使：出~，又上（置）。𦵏：墓也，铭置于~（置）。赐：与也（置）。笥：笼也（置）。始：初也，桃~华，去声，资~，上声（置）。司：有~，去声；老~，平声（置）。驷：四马也（置）。柶：角~，以角为之，长六寸，两头屈曲，丧礼所用（置）。貔：~氏，掌攻猛鸟（置）。

［十七］自：~己（置）。示：告示（置）。字：写~（置）。视：眂也，诗韵止收上声。眂：同上。嗣：后孠，作平声，误（置）。饲：喂也（置）。牸：騲牛（置）。事：~业（置）。寺：~院（置）。恃：赖也，韵止收上。食：蔬食。谥：~法（置）。刵：割耳刑（置）。侍：旁立也（置）。豉：荳~，俗作平误（置）。嗜：好也，上去二声，韵止收去（置）。伺：候也（置）。饵：音射，饼~，上去二声，俗作味音，误（置）。珥：耳环也（置）。咡：向人耳语（置）。眦：眼大角（霁）（置）。骴：骸骨（置）。渍：漬，浸也（置）。蒔：种也（置）。

［十八］至［廿三］俱无音无字。

入声无字

鸡韵

平声

［一］鷄：~鸭（齐）。鸡：同上。几：幾，~时，又微也，又上（微）。机：绢~（微）。讥：~诮（微）。矶：水中大石（微）。鞿：羁也（微）。饑：饥，年荒（支）。饥：飢，肚饿（支）。禨：祥也（微）。笓：笓~。箕：笥~俗以此为笓笓之笓误（支）。萁：~莎（支）。期：朞，~月（支）。基：屋~（支）。奇：~偶，又音其（支）。其：夜何其，又音祈。綦：青黑文（支）。肌：~肤（支）。敹：以箸取物，与欹敹异。玑：珠不圆者曰~（支）。姬：姬妾（支）。剞：~劂，刻也（支）。羁：绊也（支）。羁：~旅（支）。刉：切也（微）。笄：女人头~（齐）。栟：梁下连~（齐）。稽：无~（齐）。稽：䭫首（齐）。畸：~人（支）。攲：不正也（支）。期：同朞，又音祈。禾：~晖，匀也。妟：~奸。乩：降~。卟：同乩字（齐）。（稦）：音夷，姓。虮：虱~，上声。（橠）：音移。

［二］谿：～坑（齐）。溪：同上。欺：诈也（支）。攲：倾也，不正入下。傂：～～，醉舞貌（支）。攲：与欹、攲并异，～器不正。崎：～岖，高峻（支）。蹊：音移。

［三］其：他也，～旁字《说文》皆作亓（支）。麒：～麟（支）。骐：千里马（支）。琪：玉树（支）。旗：旌～（支）。萁：着～（支）。棋：同上。碁：同上。祺：寿～（支）。淇：水名（支）。期：定～（支）。旂：大～（微）。茄：～瓜（歌）。伽：～蓝爷。耆：～老（支）。岐：嶷山（支）。歧：两～（支）。琦：瑰～（支）。奇：～怪（支）。祈：求也（微）。畿：近王居千里之内曰～（支）。顉：长大也（支）。蓍：黄～，药名。芪：同上，俗。祁：大也，又姓（支）。蕲：地名，～艾（支）。骑：～马，又去（支）。鳍：鱼背脊曰～（支）。圻：郊外（微）。祇：神～（支）。祗：敬也（支）。蚑：蠑～，又～虫，水蛭也（支）。跂：～行、～及，平上去声。（崎）：音溪。

［四］尼：～山、尼姑，又音逆（支）。呢：红～、～喃。坭：～土。怩：忸～，愧也（支）。霓：云～，～裳（齐）。猊：狻～，狮也（齐）。鹝：水鸟，又同鹝（齐）。倪：小儿，又分也；端～，头绪也（齐）。沂：水名（微）。輗：～軏，作去误（齐）。柅：金～，在车下止车者（微）。鲵：～鱼（微）。（泥）：在第八母，俗作此母，误。

［五］低：高～（齐）。磾：日～，人名（齐）。诋：相毁，又上（齐）。氐：星名，又月氐（齐）。羝：～羊（齐）。胝：足～（支）。（爹）：本音渣，吴人谓兄也，今传奇作此声谓父。（坻）：音池，又音止、底。

［六］梯：云～（齐）。鹈：～鹕，又音题（齐）。（稊）：芽也，音啼。

［七］题：～目，～诗（齐）。提：～挈（齐）。隄：提防（齐）。堤：同上。缇：赤色帛（齐）。鞮：皮鞋（齐）。騠：駃～，良马（齐）。嗁：鸡～（齐）。啼：同上。蹄：脚～（齐）。蹏：同上。荑：嫩草。缔：～交，又去（齐）。绨：绿也，又粗也（齐）。稊：～稗，穆也（齐）。渧：～惬。褆：～福（齐）。媞：美好（齐）。罤：兔网，又同罤（齐）。鹈：～鹕，俗名布袋鹅，又音梯（齐）。（醍）：上声。

［八］泥：敝处作喉音，在四母，官音是唇音，第八母，又去声。

［九］屄：阴户。毴：同上，俗。

［十］披：手～（支）。劈：刀～。批：～文、～评（齐）。劈：同劈（齐）。副：同上。睥：～睨。伾：丑女，又伾离，上声。礔：～霜。砒：同上，俗。丕：丕大也（支）。邳：下～（支）。伾：有力（支）。

［十一］皮：～肉（支）。膍：～胃。脾：同上（支）。椑：～柿，绿柿也，又櫑也，又入声（支）（齐）。鼙：～鼓（支）（齐）。裨：附也（支）。裨：偏也，益也（支）。貔：～貅（支）。篦：～箆，俗作去声，误（齐）。笓：同上俗。疲：劳惓也（支）。罴：熊～（支）。比：皋～，虎皮（支）。陴：城齿（支）。埤：～堄，女墙城即城齿也（支）。鎞：铁篦也。庳：下也，又去（支）。棉：椽端（支）。箪：取鱼器（支）。

　　［十二］睂：眉，眼～毛，瓯人谓眉曰利。眉：同上，俗。楣：门～（支）。嵋：峩～山（支）湄：水边（支）。麋：比鹿大（支）。糜：粥也、烂也（支）。靡：作～烂之～，平声，披、侈～、～无也之～，上声。眯：眼半合视也。縻：羁～（支）。醾：酴～，重酿酒也（支）。弥：遍满（支）。迷：乱也（齐）。麑：鹿子（齐）。亹：～～不倦，又上（支）。劚：切也（支）。冒：眼～拢帆（支）。蘪：～芜，芎䓖苗（支）。

　　［十三］支：地支，支旁字《说文》皆作㼱(支)。枝：树～（支）。肢：四～（支）。搘：～拄（支）。剂：齐截也，犹今之合同券，又去（支）。鹺：祭器，明～（支）。栀：山～（支）。茝：益母草名，又音完（支）。挤：攀～、拥～，又去（齐）。跻：登也（齐）。遮：～盖，官音若渣（麻）。嗟：～叹（麻）。豬：～狗，官音若诸（鱼）。猪：同上。（荠）：上声。

　　［十四］栖：鸟歇树曰～（齐）。棲：同上。妻：～妾（齐）。淒：～凉。凄：～～。悽：凄，～惨（齐）。萋：～～，草盛（齐）。霎：雨～（齐）。缕：～斐（齐）。虸：～虫，水中小红虫。车：推车，入居韵。砗：～磲，白宝石。

　　［十五］池：～塘（支）。墀：丹墀（支）。篪：箫也（支）。竾：同上。泜：小渚也，又音底、纸（支）。

　　［十六］西：东～，《说文》西旁皆作㢴（齐）。犀：～牛，《说文》犀下同（齐）。樨：木～，字典无此字。嘶：高叫也（齐）。赊：先市物，异日予钱曰～（麻）。奢：～侈（齐）。□：竹～。

　　［十七］齐：齊，相～（齐）。匙：锁～（支）。鍉：同上（支）。蛴：～螬（齐）。邪：～正（麻）。袤：同上，《说文》字。佘：姓（麻）。徐：缓也（鱼）。蛇：龙～，官音若耀，又音移（齐）。脐：肚～（齐）。

　　［十八］希：求也（微）。稀：少也（微）。晞：晒干（微）。欷：～嘘，叹气（微）。豨：猪也（微）。熙：和也（支）。禧：新～，吉也（支）。熹：同熙。嬉：～笑（支）。曦：日光（支）。爔：同上。牺：～牲（支）。羲：伏～（支）。脪：臭气，俗语曰～臭。痛：同上。屎：《诗》民之方殿～。戏：戲，荒于～。醯：醋也（齐）。僖：喜也（支）。

譆：同嘻，~笑（支）。郗：姓，郗超。吓：唫~，呻也。

[十九]爷：爺，~娘（麻）。姨：母之姊妹（支）。夷：~狄（支）。洟：
涕流（文）。痍：疮~（支）。移：~动（支）。彝：鼎~（支）。台：我也（支）。
圯：~上，桥也，又上（支）。嵇：~康（齐）。鮧：鮎鱼（齐）。畦：田也（齐）。
娭：婢女（齐）。蹊：路也，俗作溪音，误。奚：何不也，又~奴（齐）。徯：
往也，又上（齐）。鼷：小鼠名，甘口鼠（齐）。胰：猪~胅。怡：~悦（支）。
貽：~谋，与也（支）。诒：同上。饴：糖也（支）。眙：~封，又去（齐）。匜：
盂类（支）。扅：扊~，门扉也（支）。黟：地名（支）。颐：颔也（支）。挪：
揄~非揄揶（支）。迆：逶~（支）。蛇：委~（支）。耶：乎也（支）。琊：
琅~（麻）。酏：甜~~，又上（支）。邪：同耶，又同琊，又音□（齐）。訑：
~~自得（支）。姇：母也（支）。椸：衣架，男女不同~架，又去（支）。檽：
俗腔似为，官腔似移。

[二十]衣：~裳（微）。依：倚也（微）。噫：叹声（支）。繄：痛声。伊：
汝也（支）。咿：~喔（支）。猗：与兮同（支）。漪：水名（支）。兮：语助词也。医：
醫，~药（支）。锜：金类，又上（支）。椅：桐类，又上声（支）。鷖：凫~，
水鸟。緊：青赤色，又~我独无，语助辞（支）。扆：天子之门画斧屏风谓之斧~，
又上声。袆：褘，美也（支）。踦：跛脚，又上（支）。猗：叹美辞，与敧音溪、
敧音鸡者并异。矣：韵书止收上声，平上二声。黳：昏~（齐）。

[廿一]飞：飛，~走（微）。非：不也（微）。绯：~红（微）。扉：门也（微）。
霏：雪~（微）。菲：芳~，又上（微）。騑：骖~，马也（微）。诽：~谤（微）。
匪：《诗经》非字，今作上声，~人用。妃：后~（微）。（翡）：~翠，去声。
（腓）：~字音肥。（俳）：~优，音培音排。輩：~鸿，蝗也。

[廿二]肥：肿也（微）。薇：紫~花（微）。微：细也，又无（微）。溦：
~水，地名（微）。扉：幽隐，又去（微）。痱：偏~病（微）。腓：足也，又
~字，养育也（微）。

[廿三]梨：消~（齐）。犁：~田（齐）。黎：~民（齐）。黧：~黑（齐）。
（支）。藜：~杖（齐）。釐：厘，毫~（支）。厘：同上，便。嫠：妇人寡闺（支）。
椑：藁~，畚箕也（支）。篱：籬，簊~（支）。籬：笊~。离：~散（支）。璃：
玻~（支）。瓈：同上。漓：淋~（支）。褵：衣带（支）。蜊：蛤~（支）。狸：
貍，狐~（支）。蠡：螺也（支）（齐）。骊：~山（支）（齐）。劙：龙~（支）。
鹂：黄莺（支）（齐）。郦：鲁地，又姓，又入（支）。蓠：江~，蘼芜也；藩~，
屏障也（支）。犁：~牛，黑色牛也（支）。剺：划也（支）。劙：分割，又上

（支）。黎：龙涎也（支）。氂：牛尾（支）。醨：薄酒（支）。酾：～酒（支）。（桐）：花～，棕～，本音间，俗语似此。

上声

[一]几：桌也（纸）。己：自己（纸）。纪：年～（纸）。麂：～鹿（纸）。麃：同上。畿：虮～（尾）。虮：同上。稽：～首（荠）。稽：同上，又平。

[二]起：兴～（纸）。启：啟，开也（荠）。圯：坏也（纸）。杞：～柳（纸）。芑：～菜，又曰梁粟（纸）。屺：山也（纸）。绮：罗～（纸）。跂：～步，举足（纸）。颀：举头（纸）。棨：～戟，戟枝也（荠）。棨：兵栏（荠）。岂：讵也（尾）（纸）。（氾）：音是。

[三]企：～及，台人立曰～（纸）。技：～艺，非去（纸）。妓：～女（纸）。芰：～荷（纸）。跂：《诗》～予望之。跂及上声，又～指、～行平声（纸）。

[四]你：汝也（纸）。舣：舟停泊也（纸）。旎：旖～，风动旗也（纸）。颇：静乐也（尾）。蟻：蚁也，瓯人～曰火眼（尾）（纸）。儞：同你。

[五]底：～外（荠）（纸）。觝：相～（荠）（纸）。牴：牛～，瓯腔谓～如等（荠）。诋：毁也（荠）。柢：根～，又去（荠）。砥：磨石（纸）。氐：本也（纸）。邸：旅～（荠）。阺：陇阪也，又如～音池（荠）（纸）。弤：弓也。（胝）：平声。

[六]体：體，身～（荠）。涕：～泣，非去（荠）。

[七]弟：兄～，又去（荠）。缇：～萦，又平（荠）。悌：恺～、孝～，非去（荠）。娣：妹也（荠）。递：遞，传～，非去（荠）。媞：妇人安详也（荠）。醍：～醐，酒也（荠）。（杕）：去声。

[八]（你）：官腔是此母，不是四母。

[九]比：相比（纸）。匕：同上，俗作臂音，误（纸）。妣：母也（纸）。鄙：～俚（纸）。彼：他也（纸）。

[十]庀：～功，具也（纸）。嚭：大也（纸）。佊：～离，又音皮。（臂）：去声。（秕）：音比。（丕）：大也，本平。

[十一]被：床～（纸）。陛：堂～（荠）。婢：～女（纸）。俾：～益（纸）。髀：拊～。以上四字俗俱作去声，误（纸）（荠）。庳：卑～，上声，有～去声（纸）。秕：～糠（纸）。

[十二]米：谷～（荠）。弭：止也，～盗（纸）。靡：无也（纸）。敉：安抚（纸）（语）。芈：楚姓（纸）。渳：瀰，水流（纸）（荠）。祢：～衡（荠）。

尾：首~（尾）。美：上二母，官腔在廿二母（纸）。媺：同美。亹：~~，又平（尾）。眯：物入目（荠）。（饵）：音视、耳。（珥）：音视、耳。（㺍）：音癣。

　　［十三］纸：~笔（纸）。帋：同上，便。煮：~饭，官腔似主（语）。姐：小~（马）。猪：~狗，又平（尾）。荠：~菜，俗作去，误（荠）。济：~~多士，上声，~川去声（荠）。（灸）：去声。

　　［十四］且：~夫（马）。杵：捣~，官腔似取（语）。撦：拉~（马）。扯：同上。鼠：老~（语）。哆：唇下垂，又张口（马）。

　　［十五］舐：同下。舓：舌~（纸）。豸：虫~，又音峙。廌：同上。灺：烛烬（马）。苎：~麻，官音似宁。（峙）：音治。

　　［十六］写：寫，~字（马）。舍：含间，诗韵有舍无舍，又去。捨：舍，~缘（马）。泻：水流，又去（马）。玺：璽，印也，玉~（纸）。髓：脑~（纸）。屣：鞋也（纸）。灑：潵~，米泔也（纸）。纚：包须布（纸）。孻：~儿，小儿也，本音纸，瓯人谓小儿曰~儿（纸）（铣）叠韵。铣：精金，本音癣（铣）。跣：赤足也（铣）。洗：~衣裳（铣）（荠）。洗：凌~，冷也（回）。殊：殢~，人将死掣缩也（回）。跳：同屣。躧：同上。

　　［十七］社：~稷（马）。屿：~山（语）。惹：引着也（马）。若：兰~，佛寺也，又音嚼（马）。鲝：~鱼，又名鱯刀，有子者名子~（荠）。苴：幔也，伺也。（笮）（𪗱）（溹）：上三字俱去声。（藉）（籍）：二字俱入声。

　　［十八］喜：~乐（纸）。蟢：壁~。按：板障~。齂：~鼻涕，俗腔似去。

　　［十九］以：所目，从以者皆作目（纸）。苢：芣~（纸）。已：止也（纸）。冶：铸也，作去，误（马）。矣：语助辞（纸）。酏：甜~，又平（纸）。匜：盘~，又平（纸）。枲：麻子（纸）。俟：待~，又平（纸）。迤：~迤。（扆）：音衣，又音野。

　　［二十］野：草~（马）。埜：同上。倚：靠也（纸）。掎：牵一脚，又去（纸）。锜：金~，又平（纸）。旖：~旎，旗动。扆：负~，天子门画斧（尾）。椅：桌~，如凳而有靠，韵书止收平声。

　　［廿一］榧：~树（尾）。斐：~然（尾）。篚：筐~（尾）。悱：愤~（尾）。菲：薄也，又葑~（尾）。匪：贼也，又通非（尾）。朏：月初三生明也（尾）。诽：~谤（尾）。棐：辅也，又同榧（尾）。蜚：虫也，又平（尾）。琲：珍~，又音培（贿）。蜚：绛虱即臭虫（尾）。

　　［廿二］尾、美、媺：此三字官音在此母，俗腔在十二母。

〔廿三〕理：情~（纸）。裏：里，表~（纸）。裡：里，同上，便。里：
乡~（纸）。俚：鄙~，俗也（纸）。娌：姒~，俗言叔伯母（纸）。鲤：鲤鱼（纸）。
李：桃~（纸）。礼：行~（荠）。醴：酒~（荠）。欚：小舟，又去（荠）。鳢：
鲂~（荠）。澧：~水（荠）。蠡：螺也，又平（荠）。迤：邐，迤~（纸）。剺：
刀~，韵止收平。

去声

〔一〕计：生~（荠）。继：接也（霁）。系：繋，~带、惟~，音系（霁）。
繼：毡也（霁）。罽：同上。髻：发也（霁）。蓟：大~，药名。蓟州之~，《说文》
魝（霁）。既：既，已也（朱）。欬：幸也，又口吃（木）。记：~账（置）。寄：
~信（置）。骥：千里马（置）。骥：同上。冀：求也（置）。概：稠密（置）。機：
福也，又平（置）。其：彼~之子（置）。暨：至也，又草多（置）（未）。墍：
仰涂曰涂~（置）（未）。暨：泉，及也（置）（未）。溉：灌~，作概，误（未）
（队）。觊：~觎，作戏音，误（置）。愾：强力（置）。（廙）：音异，又音亦。
（羈）（覊）：俱平声。（笄）：平声。

〔二〕气：氣，血气（未）。炁：同上。器：~皿（置）。弃：棄，抛也（置）。
掎：角~，又音倚（置）。契：~书（霁）。愒：息也（霁）。瘈：~瘲，瘨疾。
愒：小~，息也，又音嘅（霁）。（禊）：音夜。（褉）：同上。

〔三〕骑：坐~，又平（置）。忌：妒~（置）。洎：及也（置）。惎：毒
害，又谋也（置）。跂：~行，又平上（置）。芰：~荷，又上（置）。認：昭~，
教诫（置）。企：~及，又上（置）。偈：僧赞曰~（霁）。（妓）：上声。（技）：
诗韵止收上声。伎：~俩。

〔四〕艺：藝，技蓺（霁）。睨：睥~，斜视（霁）。羿：善射人（置）。
泥：致远恐~，去声，官音八母（霁）。膩：细~，作畜音，误（置）。呓：~语，
梦言（霁）。寱：同上（霁）。欜：磨~，两枝相击（霁）。彦：才~（霰）。谚：
俗语（霰）。嗲：粗言。毅：刚毅（未）。刘：割也（队）。乂：俊~（队）。蘱：
茱萸（未）。儗：怡~不前（置）。垠：埤~，城齿（霁）。蓺：同艺。甈：破
罋（霁）。（輗）：平声。

〔五〕帝：皇~（霁）。蒂：瓜~（霁）。缔：~交（霁）。谛：妙语（霁）。
柢：根~，又上（霁）。疐：跲~（霁）。（簞）：饭甑~，本音闭，俗语似此音。
（滴）：~水，入声。渧：水~下。

［六］啻：止也（置）。翅：翼也，又音次（置）。涕：鼻～，又上（霁）。屟：鞋～底（霁）。屉：抽～，格。薙：～头（霁）。剃：同上。鬀：同上。髢：假髮（霁）。替：～代也（霁）。梯：篦也（霁）。鬄：同髮，又同剃。睇：视也（霁）。嚏：打～（霁）。达：细～，滑也。（腻）：音乂。（䗖）：分蚕，本音屎，俗音似此。

［七］地：田地（置）。第：及～（霁）。弟：孝～，又上声（霁）。禘：～祭（霁）。递：～送，又上（霁）。遰：迢～，又上（霁）。杕：～杜（霁）。（悌）：上声。（谛）：音帝。

［八］泥：奴利切，又平。

［九］臂：手～（置）。庇：福～（置）。祕：～诀（置）。秘：同上，俗。痺：脚～（置）。閟：～门（置）。眦：视也（置）。毖：慎也，又流也（置）。贲：白～，又虎～，平（置）。畀：赐与也（置）。詖：～辞偏颇（置）。泌：水流大（置）。费：邑名，又姓，音未肺（置）。鄪：同上（置）。柲：戟柄（置）。郯：邑名，又音弼（置）。跸：止行（置）。辔：轡，马缰。箅：饭甑～（霁）。鷩：雉也（置）。嬖：～幸（置）。蔽：遮也（置）。闭：关～（置）。（苾）：入声。（毙）：音敝。

［十］屁：放～。譬：～方，俗作上声，误（置）。屎：气下泄也。

［十一］备：備，全～（置）。避：躲～（置）。髲：假～（置）。鼻：瓯人谓～曰～头，俗作入声，误（置）。劓：割鼻刑（置）。奰：～屭，大龟。比：朋比，又及也（置）。帔：霞～珠冠（置）。陂：险～，倾也（置）。惫：～软（卦）。弊：獘，～窦（霁）。敝：破～（置）。币：幣，～帛（置）。毙：斃，死也（霁）。睥：～睨，斜视（霁）。薜：～荔藤（霁）。坒：骈～，多级貌（置）。陛：堂～（置）。奰：怒也（置）。被：光～四表，又上（置）。糒：干粮（置）。庳：有～国名，又卑也（置）。（潩）：水名（霁）。（庇）（畀）（詖）：三字音祕。（疲）：平声。（篦）：平声。（埤）：平声（弼）。

［十二］昧：～道（未）。未：～时，午～（未）。媚：谄～（置）。袂：衣襟（霁）。谜：哑～（霁）。（弭）：上声。（饵）：音示。（珥）：音示。（亹）：上声。

［十三］济：成也，《说文》湇，下同（霁）。泲：～水，同上。制：～度（霁）。制：製，相～（霁）。掣：～肘，～电（霁）。剂：一～药，一帖，本音射（霁）。穧：禾也（霁）。淛：～江，同浙（霁）。祭：～祀（霁）。漈：水～，磆门（霁）。际：～此，犹言当此（霁）。挤：拥～，排～（霁）。跻：臻也，平去，诗韵止收平。傺：侘～，失志（霁）。猘：～犬，狂狗（霁）。霁：晴也（霁）。瞭：视也。蔗：甘蔗（禡）。借：僭当（禡）。唶：諎～鸣响（霁）。柘：桑～，～叶（禡）。

炙：脍~（祃）。敊：酰酒多（置）。织：组~，又入（置）。积：積，乃~乃仓，又入（置）。齝：盛物于器曰~，本音着，音似借。

[十四]妻：~之，又平（霁）。刺：荆棘，俗曰~（霁）。砌：~墙（霁）。饎：美食（置）。屎：诈也，又丝篓柄（置）。蚝：班蝥名，又同鳖（置）。縗：分蚕。

[十五]箸：碗~（御）。筯：同上。滞：濡~（霁）。瀄：悗~，音不和也（霁）。殖：货~（置）。值：~日，又逢也，又入（置）。植：种~，又入（置）。埴：陶~，字典无去，韵收（置），又入声。（麑）：音治。

[十六]世：世代（霁）。壻：女~（霁）。细：粗~（霁）。势：~力（霁）。晢：明~（霁）。賁：~酒（祃）（霁）。舍：邻~（祃）。屣：敝~，草鞋，又音矢（祃）。赦：敊罪（祃）。螫：蜂叮，本入声，惟韩诗"自求辛~"。去声，韵未收。傻：无悯诚也，救~以忠（置）。施：布歧（置）。卸：退~（祃）。泻：肚~，又上声（祃）。聟：同壻。壻：同壻。婿：同壻，俗。（泄）：音设。

[十七]谢：多~（祃）。射：~箭，又音石（祃）。榭：台榭（祃）。麝：麝香（祃）。藉：蕴~（祃）。眊：结~，缨类以毛为之（置）。樲：~棘，有刺木（霁）。筮：卜~，《说文》筮（霁）。噬：~脐（霁）。澨：水边（霁）。齌：八觯，酒名（霁）。誓：~曰讖愿（霁）。逝：去也（霁）。剂：药~，又音沧（霁）。哜：尝也（霁）。懠：怒也（霁）。

[十八]戏：戲，看~曰眙~（置）。意：喜也（置）。屭：赑~，有力大龟（置）。忥：慢~（队）（未）。愾：~嘻（未）。欷：~歔。咥：~笑（置）。燨：兵火。急：痴也，又息也（未）。

[十九]夜：昼爻，~曰黄昏（祃）。异：異，~同（置）。易：容~（置）。射：仆~，《说文》躲。泄：~~，舒缓（霁）。异：同异，便，又举。肆：~业（置）。诒：贻也（置）。系：繫，《易》~辞，音曳、余，音记（霁）。曳：~尾（霁）。系：世~（霁）。系：係，关~。懿：~美（置）。缢：吊也（置）。禊：祓除不祥（霁）。廙：音异，又音冀（置）。勚：劳苦，莫我~（置）。肵：~封，又平（置）。

[二十]意：~思（置）。衣：~之着之（未）。裔：~孙，作平，误（霁）。瘗：葬也（置）。翳：遮也（霁）。臀：目中膜（霁）。殪：~毙也（霁）。㺚：豕也，又寒狚弟名（霁）。饐：~饭，未熟。瞖：阴也（霁）。壒：天阴降土（霁）。嫕：婉~，柔顺，又入（霁）。（亿）（忆）（臆）（肊）（薏）：上五字俱入声。

[廿一]肺：~肝（队）。柿：木~（队）。癈：~用，今做废（队）。沸：水涌（未）。砩：以石遏水曰~礁。礍：同上。费：~用，音沸、费、秘，又姓

音未（未）。蝀：永曰绛【按：原文絳】虹，又平（未）。芾：蔽～，小貌，又通韍（未）。芾：同上，又音勿。痱：热～（未）。疿：同上。祓：～除，又音勿，俗作被音，误，韵收入声。翡：～翠，俗作平上音，误（未）。沸：～～，猩猩类《说文》（未）。诽：～谤，平（未）。跰：刖足，同剕（未）。

　　［廿二］未：～成（未）。味：官音（未）。扉：草鞋（未）。髶：髳～，又音勿（未）。

　　［廿三］利：～益（置）。莉：茉～花（置）。吏：～部天官，《说文》吏旁作更。（置）。莅：～任。茌：同上（置）。泪：涙，卢计切，音利，而俗言亦曰眼利（置）。里：裏，～外，又上（置）。痢：～症（置）。励：勉～（霁）。厉：属，暴也（霁）。粝：粗糙（霁）。砺：磨石（霁）。砺：同上。疠：～疯（霁）。荔：～枝，薛荔（霁）。例：学～（霁）。莅：临也（霁）。隶：皂～（霁）。泝：同泪，妖气（霁）。丽：麗，美～（霁）。俪：伉～，又上（霁）。蛎：牡～（霁）。蛎：同上。莀：紫～，草可染紫（霁）。瘗：静也，又安（霁）。离：附依，又不可须臾～也（霁）。蚸：大蛙蟆（霁）。欐：连～，梁也（霁）。縭：绿～，绶也（霁）。悷：悲也，恻～（霁）。（郦）：入声又平。（历）（沥）：俱入声。

　　## 入声

　　［一］（吉）：鸡的切，官音。□：～～，小鸡鸣。

　　［二］喫：吃，～饭，永人谓食曰～（锡）。

　　［三］偈：释氏作五言七言皆谓之偈语，又去（屑）。

　　［四］嶷：九～山名岐～，特异（职）。鹝：水鸟，又平。霓：虹～，又平（锡）。

　　［五］嫡：亲嫡（锡）。镝：锋～（锡）。适：～莫从也（锡）。摘：手～，又音扎（锡）。滴：点～（锡）。的：～确（锡）。靮：马缰（锡）。蹄：四蹄（锡）。吊：至也，《诗》神之～矣，《书》无敢不～（锡）。秪：刈禾声（质）。商：漏下三～（锡）。薏：莲子心内苦薏（锡）。

　　［六］惕：敬也，又怵～，忧惧也（锡）。踢：脚～（锡）。剔：刀～（锡）。擿：挑也（锡）。倜：～傥，豪侠也（锡）。趯：跳也（锡）。逖：远也（锡）。遏：同上。

　　［七］敌：敵，对敵（锡）。翟：雉羽，又音宅，姓（锡）（陌）。籴：糴，粜～（锡）。狄：夷～（锡）。荻：芦～（锡）。靦：～面（锡）。迪：～吉（锡）。頔：好也（锡）。笛：箫也（锡）。篴：同上。涤：洗也（锡）。（棣）：常～，去声。

［八］衄：乃力切，忧也。

［九］璧：玉也（陌）。甓：板~（锡）。甓：砖也（锡）。擗：~雍（陌）。碧：青色（陌）。襞：叠衣（陌）。毕：~竟（质）。蹕：止行人（质）。筚：~路蓝缕，柴车也。~门，编竹为门（质）。荜：蓬~，草舍。饆：香食。必：决也（质）。鬕：~发，寒也（质）。逼：迫也（职）。愊：抝~（职）。䁖：恶视（黠）。泌：~水，又去（质）。煏：炮声（质）。笔：纸笔（质）。笔：同上，便。滭：水~出。滭、潷：俱同上。铋：刀下饰（质）。韠：绂也，所以蔽前，又胡服，~膝（质）。（䨇）：音备。（苾）：音弼，在十一母。

［十］闢：辟，开~（陌）。僻：偏~（陌）。癖：~好、~石（陌）。辟：邪~（陌）。擗：~踊，抚心捶胸（陌）。澼：漂絮，又肠~，下痢（锡）。躄：不能行。（跛）：音闭，又音补。

［十一］弼：殥，辅~（质）。苾：香也（质）。邲：地名，又去，韵止收去。佖：有威仪（质）。馝：马肥（质）。秘：~穇，禾重生谷半实者曰~~（质）。熚：火干。（鼻）：去声。

［十二］蜜：蠠，蜂~（质）。密：疏~（质）。谧：静~（质）。藌：荷茎曰~，又蓿砂~。觅：觅，寻也（锡）。汨：~罗，又音骨（锡）。幂：覆也（锡）。幎、羃：同上。

［十三］积：積，積德（陌）。绩：功~，帽~（陌）。蹟：迹，脚~。迹：达，同上（陌）。跡：同上。职：職，官~（职）。织：織，~布。绩：勋，功~（锡）。碛：~石（陌）稷：黍~（职）。脊：背~，脊旁字《说文》作𦟝（陌）。鹡：~鸰（职）。即：卽，~日（职）。鲫：~鱼（陌）。踖：跛踖（陌）。跡：踏也（陌）。炙：胘~又去（陌）。昃：稯入土声，~~良耜（陌）。只：隻，一~（陌）。借：假偮（陌）。瘠：臘，瘦也（陌）。摭：捇，拾也（陌）。馽：马绊（陌）。唧：喞，啾~（质）（职）。瘯：疾也，又烛烬（质）（职）。蹠：盗~。跖：同上（陌）。𦘺：阻力切，《说文》头~转，字典音涅。

［十四］尺：~寸（陌）。赤：红也，《说文》~旁作交（陌）。斥：庍言（陌）。刺：《孟子》刺人而杀之，又音力（陌）。哟：~其笑矣（质）。叱：喝也（质）。抶：打也（质）。慼：心~（锡）。戚：亲戚，又斧也（锡）。鏚：斧也（锡）。饬：凡上差下曰饬（职）。絜：以绳束项，两头勒急曰~死。鹈：鸟鸣，能食射工（职）。鸄：同上。勅：敕，诰~（职）。墄：阶级（职）。

［十五］直：正~（职）。植：栽~（职）。殖：货~，又去（职）。值：~日，又去。湜：水清见底也（职）。埴：作瓦人曰抟~，又通蛰（职）。

［十六］识：識，见～，又音志（职）。式：中～，款～（职）。拭：捝也（职）。轼：车前也（职）。栻：栅也（职）。饰：扮～（职）。息：气～，歇～（职）。媳：～妇。熄：火止也（职）。锡：～器，又与赐通（锡）。裼：袒～（锡）。緆：细布（锡）。淅：～米（锡）。菥：蓂也（锡）。析：分也（锡）。悉：皆也，晓也（质）。晰：白～，同晰，又去（锡）（屑）。晰：同上。适：遹，往也。（陌）。昔：～日《说文》昔旁作旹（药）（陌）。惜：可～（陌）。腊：臘，腊肉（陌）。舄：鞋也（陌）。碏：柱磶（陌）。螫：蜂叮，又去（陌）。泽：《诗》其耕～～，又音宅、铎，亦。释：解～，又僧为～教（陌）。瘜：鼻孔中生肉曰～肉。蜥：～蜴，俗名蝎辨，郡人名蛇戳，黄赤色四足（锡）。

［十七］石：～岩（陌）。席：坐也（陌）。蓆：床～（陌）。硕：大也（陌）。夕：夜也（陌）。汐：夜潮（陌）。祏：木主（陌）。籍：书～（陌）。耤：～田（陌）。藉：狼～，又蕴～，去声（陌）。夕：宅～，墓也（陌）。鼫：～鼠。食：饮食（职）。蚀：月～，通作食，又～疮（职）。寂：～寞，《说文》宗（锡）。射：躲箭，又去（锡）。

［十八］盍：许力切，《书》民罔不～，伤心伤痛也（职）。欻：许狄切，去涕也。

［十九］觋：女巫（锡）。□：瑞安人《易经》之～，读此言。

［二十］薏：苡～（职）。亿：億，十万曰～，同上（职）。臆：～见（职）。肊：《说文》同上（职）。嗌：咽也（陌）。齸：麋鹿及嚼草也（陌）。官腔乙一字读此音。

［廿一］［廿二］无字。

［廿三］力：有～（职）。立：坐～（缉）。苙：既入其～圂（缉）。栎：青～（锡）。砾：瓦～（锡）。疬：瘰～（锡）。轹：车践（锡）。轣：～辘。历：歷，来～（锡）。历：曆，黄～，乾隆庙讳。厤：同上《说文》。沥：滴～（锡）。枥：马栏（锡）。雳：霹～，雷也（锡）。苈：葶～，药名（锡）。坜：田地略低者为～（锡）。鬲：鼎～（锡）。屬：冪～，烟雾（锡）。麚：牡鹿（质）。鬲：鼎足阔也，又音隔（锡）。皪：的～（锡）。嘌：喽～，言多（质）。粝：粗～，又去（曷）。郦：姓，又平（锡）。籭：本音列俗语似此，笔～。

兼韵

平声

［一］兼：~并，《说文》~旁皆秝（盐）。蒹：~葭（盐）。缣：绢也（盐）。
鹣：比翼鸟（盐）。鳒：比目鱼（盐）。肩：~胛（先）。坚：~固（先）。鋻：
~刀（先）。硻：同上。鍵：不薄粥（元）。馢：稠粥，同上。犍：~牛。碫：
磨石（盐）。鞬：弓袋，又上（元）。犍：~为郡，又~牛（元）（盐）。

［二］谦：~恭（盐）。牵：牵，~牛（先）。搴：手搴（先）。攓：同上（元）。
褰：~裳（先）。搴：走也，又音检（元）。謇：亏也，又音上（先）。骞：鸟
飞（元）。愆：~尤，过失（先）。汧：水名（先）。豜：豩狗类，又音揩、干、
完、岸、岩。犴：同上。

［三］乾：乾坤（先）。箝：火~（盐）。钳：同上。黔：~首（盐）。钤：
~印（盐）（侵）。虔：~心（先）。键：锁也（先）。

［四］严：嚴，~整（盐）。黏：糊~（盐）。粘：同上。鲇：~鱼，口大
身滑如鳗（先）。言：~语（先）。年：~月（先）。研：~究（先）。妍：~媸（先）。
拈：~香（先）。䭪：食麦（盐）。

［五］巅：山顶（先）。颠：~人（先）。傎：同上。槙：树顶（先）。蹎：
~仆（先）。滇：~南，今之云南（先）。痶：疟疾（先）。

［六］天：天地（先）。顚：同上，古文。添：~凑（盐）。沾：《说文》添字，
古有沾无添。忝、黍：同添，与上声忝别。諙：謣~，瓯人谓说大话曰讲謣~。

［七］田：~地（先）。佃：~户，又去（先）。钱：铜~，官音若廛（先）。
钿：钗~（先）。恬：~静，宜缺末笔恬（盐）。湉：光绪圣讳。甜：甘也（盐）。
敪：苏轼《祭文》母仪其~。填：~册（先）。畋：~猎（先）。圚：鼓声（先）。
（滇）。音颠，非田。

［八］□：难兼切。

［九］边：邊，外~（先）。笾：~豆（先）。鞭：马~（先）。编：书~（先）。
鳊：~鱼（先）。砭：针~（盐）。

［十］篇：~章（先）。偏：~正（先）。扁：~舟（先）。翩：~~（先）。
躚：~跹（先）。

［十一］弁：皮~，《说文》覍。骈：骈文（先）。胼：手皮厚（先）。辫：
~车（青）（先）。便：大~，曰滥屙，小便曰滥溺，又去（先）。蠙：~珠，
又音平，又上（先）。褊：贴~，又音扁。缏：编弁。

〔十二〕眠：睡也，～曰瞑，音若劝（先）。瞑：同上，又音冥。緜：～花（先）。绵：同上。棉：同上（先）。縸：緜，～蛮，千～（真）。岷：～山（真）。

〔十三〕占：卜也（盐）。沾：～染，又古添字（盐）。霑：～足（盐）。襜：衣整也（盐）。瞻：视也（盐）。幨：～帷（盐）。詹：至也（盐）。觇：视也（盐）。旃：旗也（先）。牋：～奏。牋：纸也，同上（先）。煎：～炒（先）。尖：～圆（先）。氊：毡，～毯（先）。毡：同上便。羶：羴，羊臊也（先）。鸇：鹰鹯（先）。栴：～檀，香木（先）。饘：～薄粥（先）。飦：同上。甄：甄姓，又音真（先）。邅：迍～（先）。鳣：鳝鱼也，若是大鱼，一鹳岂能衔三大鱼（先）。渐：～洳，又音善（盐）。占：～恒，轻薄，又去（先）。湔：洗（先）。（澶）：音淡。（譫）：～足，去声。

〔十四〕千：～百（先）。仟：千人长（先）。阡：～陌（先）。遷：遷移，从䙴字，《说文》皆作𨘢（先）。迁：同上，便。搴：～插。扦：同上。跹：蹁～（先）。韆：～鞦（先）。签：～事，～条。佥：僉，皆也。籤：签，～诗（盐）。挺：拳～人。憸：利口奸～（盐）。𨓦：缓步。（暹）：音先。

〔十五〕廛：㕓，市～（先）。缠：盘～，～头（先）。瀍：水名（先）。躔：～度（先）。籛：籛，彭祖名～铿（先）。籤：竹钉～也。钱：官腔在此，瓯腔在七母。

〔十六〕先：～后（先）。仙：～人，《说文》僊（先）。僊：同上。仚：轻举（先）。秈：～米（先）。纤：纖，细也（盐）。鲜：鱼鱻，又音燅（先）。鱻：同上（先）。暹：～罗国（盐）。銛：～利（盐）。歼：殲，死也（盐）。芊：草盛也（先）。苫：茅～，又草荐也。攕：秤称物重而锤高曰～，～软。

〔十七〕前：荐后（先）。单：～于，平声，～父，上声，又音丹（先）。蝉：鸣蜩（先）。婵：～娟，美女（先）。蟾：～蜍，蛤蚆也（盐）。潜：沉隐（盐）。灊：沱～，水名，同上（盐）。然：自肰（先）。燃：然，火烧（先）。捻：～撚，扯也（先）。禅：和尚（先）。僐：～伵，不进（先）。髯：须也（盐）。蚺：大蛇（盐）。撏：撏，摘取（盐）。

〔十八〕轩：横～（元）。焮：火～（盐）。熏：同上。忻：悦也（盐）。祆：天也，祆异（先）。

〔十九〕贤：賢，圣～（先）。延：～年（先）。埏：八～，八方也（先）。涎：痰～（先）。挻：取也，又音扦（先）。嫌：嫌疑（先）。筵：酒～（先）。蜒：～蚰（先）。綖：冠上覆垂下者（先）。弦：弓～（先）。絃：弦，～线（先）。舷：船边（先）。沿：溪边（先）。铅：～锡（先）。鈆：同上。眩：风～眼，又～晕，又去。盐：油～（盐）。檐：瓦～（盐）。簷：同上。阽：危也（盐）。炎：火～，又去（盐）。阎：～王（盐）。（焱）：去声。（㷊）：去上二声。（燄）：上声。琰：上声，嘉庆庙讳。（掞）：音扇。

　　［二十］煙：火～，《说文》垔字旁皆作囟。烟：同上。湮：～没（真）。堙：塞也（真）。燕：燕京（真）。嫣：～然笑（先）。蔫：鲜～（先）。焉：语助辞（先）。胭：～脂。臙：同上。禋：禋祀（先）。阉：太监宫刑，又上（盐）。淹：溺也。又～留。又败也，即鱼肉鲜～，字俗作蔫字非。又～没，去声（盐）。闉：城门（真）。咽：～喉（先）。懕：安也。腌：盐渍鱼肉也，俗腔作现音（盐）。猒：饱也，同厌（盐）。阏：～氏，凶奴后名，平声，又音遏，韵无平。菸：烟，乌～，香～。鄢：荆楚之～都，平声，郑伯克段之～，上声（先）。

　　［廿一］□：非烟切。

　　［廿二］平：～～，辨治也，与庚韵音评者不同（先）。

　　［廿三］连：相～（先）。莲：～子（先）。涟：清～（先）。怜：憐，可～（先）。怜：同上（先）。联：聯，～对（先）。零：先～（先）。帘：簾，珠帘（盐）。廉：清～（盐）。濂：～溪（盐）。鎌：镰，～刀（盐）。磏：～疮（盐）。奁：妆～（盐）。匳：同上。帘：酒旗（盐）。嫌：门～。蠊：姜闸。蒹：～姜（盐）。薟：豨～草（盐）。髯：～～，多须（盐）。挛：疴手（先）。（㦸）：去声。

上声

　　［一］茧：繭，蚕～（铣）。筧：水～（铣）。梘：同上。鍵：锁匙，又平（铣）。鞬：弓袋，又平（铣）。蹇：跛也（阮）（铣）。检：～点（俭）。捡：拭也，～缴双声。（犍）：平声。

　　［二］遣：差～（铣）。搴：手～，又平（铣）。繾：～绻，不离也（铣）。骞：驽马，韵止收平。歉：不足也（俭）。慊：意不满（俭）。芡：鸡头莲（俭）。嗛：猴两颐藏食处（俭）。謇：口吃（铣）。（谴）：～责，去声。（蹇）：音检。

　　［三］俭：勤～（俭）。件：事～（铣）。楗：门～（阮）。䦍：同上。捷：举也（阮）。

　　［四］染：～布，官腔在官韵，上声十七母（俭）。报：～盘（铣）。玷：同上，便。儼：～然（铣）。（碾）：音展，作砑，误。

　　［五］点：點，～书（俭）。玷：污也，又缺也，又去，韵止收上（俭）。典：典故（铣）。箅：笼也，又大笑（铣）。

　　［六］忝：愧也（俭）。腆：厚也（铣）。怏：愧也（铣）。脸：靦，～面，

- 122 -

见面也（铣）。觍：同上。酉：舌～着。餂：舌～着。（餮）：入声。

　　[七]籑：篯籑（俭）。辇：玉～，车也（铣）。珍：暴～（铣）。□：～谷。□：～鞋底。□：病～转。（佃）：～户，平声。

　　[八]奴籑切。

　　[九]匾：～额（铣）。扁：圆～，又音篇（铣）。贬：褒～（俭）。褊：～小，又音弁（铣）。艑：水鸡～，船名（铣）。惼：同褊，心胸狭隘。

　　[十]睸：披扁切，视也。贪：财长也。

　　[十一]辩：～驳（铣）。辨：判也（铣）。辫：头毛～。瓣：以刀亦判别之意。办：辨，音辨，俗作音败，办事之办用。

　　[十二]勉：～力（铣）。免：～事，又音问（铣）。冕：大帽（铣）。缅：～想（铣）。湎：沉～于酒（铣）。浼：污也。娩：生产（铣）。勔：勉力（铣）。眄：视也（铣）。愐：思也（铣）。俛：俯也（铣）。

　　[十三]展：开展（铣）。翦：刚劐（铣）。剪：同上，俗。饯：送行酒，又去（铣）。戬：福也（铣）。偍：～功，见功也（潜）。辗：～转（铣）。飐：飐，风吹。鱣：～鱼，状如勒鱼而小，长四五寸。

　　[十四]浅：深～（铣）。谄：～媚，非去（俭）。謟：同上。阐：～出非去（俭）。葴：备也（铣）。辗：～然笑，非展。

　　[十五]搌：手～转（铣）。矢：本音涅，俗作头～转之～，从俗例此，《说文》阻力切，音脊。

　　[十六]鲜：少也，又平（铣）。尟：同上。癣：生癣（铣）。瘯：同上。藓：苔～（铣）。狝：獮，秋猎也（铣）。燹：兵火（铣）。铣：精金（铣）。陕：～西。闪：～电，非入（俭）。笘：～帚，筅同（铣）。毨：耳朵～（铣）。尠：少也，同鲜。

　　[十七]善：行善（铣）。膳：饮～（铣）。鳝：～鱼（铣）。鳝：同上。墡：白～坭（铣）。墠：白～坭（铣）。践：～迹，韵止收上，又去（铣）。捵：手防也，又平（铣）。苫：荏～，辗转也（俭）。渐：～染，～卦，上声；～仁，平声（俭）。冉：～有。单：～父，又音禅、担（俭）。燀：我孔～矣，又～一炬火，音善，又音罕。傗：浅也（铣）。僤：行动貌，又音大、旦（铣）。桟：铅～，又音存，上声，刻也（感）。戁：《诗》不～不悚，惧也，又音乃。

　　[十八]显：顯，～灵（铣）。谳：讞，讯案已定曰～，非去（铣）。猃：～狁（铣）。獫：同上。幰：车～（阮）（铣）。巘：山峻（阮）（铣）。险：峻～（俭）。

　　[十九]演：～教（铣）。衍：～文（铣）。峴：～山（铣）。兖：～州（铣）。

蚬：蛤属（铣）。蜎：蟓～，虫名（铣）。琰：嘉庆庙号。剡：～溪（俭）。焰：
燄，火～，又去（俭）。广：廣，水上楼檐（俭）。

　　［二十］掩：遮～（俭）。魇：梦～（俭）。黡：黑痣（俭）。檿：山桑（俭）。
偃：仆也（阮）。堰：坝也，又去（阮）。弇：盖也，又音甘，口小腹大曰～。揜：
同掩（感）。瘱：疤～，痂也。奄：忽也。《说文》弇（俭）。襜：～襦（俭）。宴：
安也，字典无上声，有去（铣）。鰋：小鱼，瓯谓之海蜓（阮）。鼹：～鼠（阮）。
蝘：守宫（阮）。崦：日没处（俭）。鄢：郑伯克段于～，上声非平，又～都，
平（阮）。（魇）：入声，小儿额上微凹处，所谓酒～也，俗作疤魇之魇，误。

　　［廿一］□：府掩切。

　　［廿二］□：扶掩切。

　　［廿三］脸：面～（俭）。敛：敛，收～，又去（俭）。溓：水溢（俭）。潆：
薄水（俭）。琏：太子讳。

去声

　　［一］见：相～（霰）。劒：宝～（艳）（陷）。剑：劍，同上。建：～造（愿）。
兼：兼并，又平（艳）。

　　［二］欠：～缺（陷）（艳）。揭：手～，又入（霁）。缱：～绻，又上，
字典无去（霰）。谴：～责，又上（霰）。遣：～车送葬，又上（霰）。纤：繕，
船缆（霰）。牵：牵，同上，又平（霰）。汧：下流（霰）。

　　［三］健：康健（愿）。

　　［四］念：思～（艳）。验：騐，应～（艳）。唸：～经（艳）。嗋：鱼口向水
面曰喁～（艳）。诣：品～（霰）。唁：问凶讯也（霰）。研：同砚，又平（霰）。甗：
甑也（霰）。辗：～转也，又上（霰）。報：～盘，又上。碾：同上。（廿）：音念。

　　［五］店：开～（艳）。坫：反～（艳）。垫：王子～，又下垂角巾，又音殿（艳）。
痁：疟疾，又平（艳）。者：老人面上黑点（艳）。殿：奔而～，又音甸（霰）。
癜：白～风，汗斑也。玷：缺也，污也。又上，韵止收上。

　　［六］舚：舌～（艳）。掭：～起，又剠火棒（艳）。栝：同上栝粉之栝作栝。
忝：愧也，又上（艳）。（餂）：上声。

　　［七］殿：～宇（霰）。淀：澱，～青（霰）。靛：同上。淀：聚水处（霰）。
电：電，闪电（霰）。填：～塞，又平（霰）。瑱：耳垂。甸：郊～（霰）。奠：
定也（霰）。墊：墊，先～，椅～，又音店（艳）。佃：螺户，又平（霰）。钿：
螺～，又平（霰）。甽：物不平～平。（辇）：上声。

－ 124 －

［八］囗：奴店切。

［九］遍：走遍。徧：同上（霰）。变：變，～化（霰）。窆：坟也（艳）。砭：针～，又平（艳）。

［十］片：一～（霰）。骗：拐～。

［十一］便：快～（霰）。卞：大～，法也（霰）。汴：～梁，河南（霰）。弁：帽也，又平（霰）。抃：喜而两手相击（霰）。抃：同上。

［十二］面：～目（霰）。麫：麦粉（霰）。靣：同上，俗。糆：同上，俗。偭：白也，又背也（霰）。眄：觇见，又上（霰）。瞑：寐也，又平（霰）。（缅）：上声。

［十三］箭：射箭（霰）。战：戰，征～（霰）。薦：～举，又草～（霰）。荐：同上，便。饯：送行酒，又上（霰）。煎：甲～，以诸香煎成，今之蜜～，宜用此字，而书饯字恐未是，又上（霰）。溅：水激，又音赞，又平（霰）。臶：重至（霰）。洊：同上，又水荒（霰）。栫：园也（霰）。苫：草～，又音仙（艳）。占：～鳌头，又口～（艳）。佔：佔，～业，字书无霸佔字，俗。僭：强～（艳）。牮：～屋。赡：足也，又平。渐：同溅，平、去二声，诗韵止收平声。

［十四］倩：笑美（霰）（敬）。砌：～墙，石砌，俗语曰堿墙，～城音转（霁）。攜：插也，花～。篯：木匠用篯细破其端，以之画墨，本音衬，攜篯双声。切：一切之切去声，刀切之切入声（霁）。蒨：同茜（霰）。茜：同蒨，俗名瀹卵草，其根可以染绛，《说文》葛（霰）。獂：兽走（霰）。綪：青赤色（霰）。壍：山阬也（艳）。槧：刊也，又音善（艳）。（阐）：音浅。（谄）：音浅，作去声，误。（嫶）：音绐，去声。

［十五］缠：纏，绕也，平、去二声（霰）。

［十六］扇：蒲～（霰）。煽：～惑（霰）。線：针～（霰）。线：同上。骟：～鸡。先：～后，又平（霰）。譱：谲巧（霰）。炫：～开（霰）。掞：舒也，光也（艳）。（壥）：音倩。（霰）：雪～子，俗作杀音，误（霰）。

［十七］羡：美也，又余也（霰）。擅：自专也（霰）。贱：贵～（霰）。践：踏也，去上二声，诗韵止收上声。禅：～位之～去声，坐～之～平声（霰）。膳：～夫，厨子，又上声（霰）。缮：誊写（霰）。善：《孟子》王如善之，彼善而我～之，去声，又上（霰）。鄯：～善国，楼兰（霰）。潜：潛，藏也，又平（艳）。瞎：闭目思也（艳）。（渐）：风山～，本上声，作去误，又音占、峥、浙。

［十八］献：獻，下奉上曰～（愿）。苋：～菜（谏）。宪：称地方官曰～（愿）。猃：～猃，又上，西夷（艳）。玁：同上。獩：上声。

［十九］现：～钱，出现（霰）。见：愠～又音建（霰）。砚：～瓦（霰）。

研：同上，又音年。衒：自~，自美也（霰）。炫：同上。眩：惑乱也（霰）。俔：譬喻（霰）。蚬：蛤也（霰）。艳：豓，妖~（艳）。爓：火~（艳）。焰：同上。灎：澂~，水流波动（艳）。袨：好衣（霰）。（腌）：醃，~蛋，本草声，俗语作去。

[二十]宴：~饮（霰）。燕：紫燕，又平声（霰）。醼：~飨（霰）。嚥：吞下（霰）。咽：同上，又平。嬿：~婉（霰）。堰：填也，又上（霰）（愿）。饜：~饱（艳）。畲：苦味（艳）。厌：厭，~足，又弃也（艳）。淹：~没之~去声，~留，~败平声（陷）。赚：物相当也，长短之~。

[廿一][廿二]无字。

[廿三]鍊：炼，~金（谏）。炼：煉，~丹。孪：攣，~生，双生也（谏）。楝：苦~树，二十四番花信终于~花，俗作拣音，误。练：素绢（霰）。拣：选择，又音柬（霰）。恋：戀，贪~（霰）。敛：歛，聚~；又上（艳）。潋：~灎，波动（艳）。殓：殡~（艳）。臉：市先入值（艳）。（歛）：音瞰。

入声

[一]结：~拢（屑）。洁：潔，清~（屑）。鍥：稻~（屑）。劫：~贼（洽）。孑：~然，单也（屑）。蛣：蚌属（屑）。拮：~据，穷迫（屑）（质）。颉：~颃（黠）。黠：诈也（黠）。铗：长剑（叶）。梜：箸也（叶）。讦：攻~人之阴私（屑）（月）。羯：羊羖，~鼓（月）。戛：~击，鸣球（黠）。（撷）：音叶。（劇）：剔牛羊之阴，平声，俗语作入声，误。

[二]揭：提~（屑）。掲：同上（月）。挈：携带也（屑）。篋：~盛（叶）。愜：快意（叶）。箧：同上。怯：惧也，《说文》狂（洽）。蚗：石~，瓯人谓之龟脚（洽）。

[三]竭：尽也（月）（屑）。碣：石碑（月）（屑）。揳：手~牢。傑：杰，豪~（屑）。杰：同上。桀：夏~（屑）。偈：英~，武也，又和尚韵语曰~，又音忌（屑）。楬：无发曰秃~（屑）。

[四]业：業，事业（洽）。邺：即今河南临漳县（洽）。嶪：岌~，山也（洽）。热：熱，冷热（屑）。臬：按察司曰~台，又平（屑）。槷：《礼》同上，又柱也（屑）。闑：门中（屑）。镊：夹~（叶）。蘖：曲~。捻：~匦，又通作搦（叶）。孼：妖~（屑）。孽：作~（屑）。啮：嚼也（屑）。臲：兀~，不安也（屑）。爇：烧~（屑）。聂：聶，尼接切，俗作摄音，误（叶）。镊：小钗（叶）。箷：绢机踏脚板也（叶）。涅：恶~，污秽也，污坭曰~，以~染缁而黑于~（屑）。嵲：山嵯峩也，嵼~（屑）。蘖：萌~。

[五]跌：~倒（屑）。蛭：水中叮人虫，俗名马蜞，又音侄（屑）。跬：堕落，又履也（叶）。

[六]鐡：铜~（屑）。铁：同上，便。鋲：同上。怗：~伏（叶）。帖：请~（叶）。贴：~水（叶）。饕：饕~，贪也（屑）。

[七]叠：重。疊：同上（叶）。牒：文书~（叶）。碟：油~。堞：城齿（叶）。蝶：蝴~（叶）。蜨：同上。楪：同碟。蹀：~躞，行迟滞也（叶）。韘：佩~，即俗言弝子，带右手大拇指以勾弦者（叶）。弽、鞢：俱同上。慑：惧也。喋：多言（洽）（叶）。谍：探子（叶）。咥：笑也，又咬（屑）。垤：丘~。耋：八十曰~（屑）。瓞：瓜~（屑）。绖：缞~，孝服（屑）。轶：奔~绝尘，又音佚（屑）。褋：襟~，事神衣（叶）。褻：重衣，与亵异（屑）。（揲）：分页，数也，音舌。

[八]苶：疲也（叶）（屑）。

[九]别：分~，又音便入（屑）。鳖：团鱼（屑）。逼：相~（职）。愎：拗~（职）。偪：同逼。湢：浴室（职）。福：~衡，如枷形~，设于角衡，设于鼻，以防触人（职）。

[十]撇：拔~。擎：同上（屑）。蹩：~脚（屑）。劈：斧~，又~砂。匹：~配（质）。疋：布~，大纸。呭：口唾声。哶：同上。瞥：眼~见（屑）。鷩：似雉而小（职）。坊：地脉理折（职）。批：击也，又音劇（屑）。蹩：~足（陌）。

[十一]别：分别，又音偪（屑）。

[十二]篾：竹~（屑）。灭：滅，起~（屑）。威：同上。蔑：污~（屑）。蠛：~蠓，小蝇（屑）。蔑：不明也，又姑~，太湖也（屑）。搣：手~。

[十三]节：節，~次（屑）。疖：生~（屑）。栉：梳头（质）。折：~断（屑）。浙：~江（屑）。淛：同上。哲：贤~（屑）。喆：同哲。楫：舟~（叶）。摺：手~（叶）。辄：即也。瘚：癙，~服，失气也（叶）。唪：呷也，鱼~。陟：登也（职）。晰：夜半金鸡啁~鸣。棁：山~，梁上木（屑）。接：晋~（叶）。婕：~好（叶）。雪：震电也，又音杀（洽）（叶）。渐：同浙，又音善、占。

[十四]切：刀~，又去（屑）。窃：竊，偷窃（屑）。窃：同上，便。妾：妻~（叶）。掣：挽也，又去（屑）。聅：小罪，以合箭插耳。

[十五]掷：擲，丢~（陌）。撤：~开（屑）。彻：徹，歇也（屑）。辙：车轮迹（屑）。澈：清~（屑）。牒：细切肉也（叶）。屮：草初出也，又音艸。

[十六]摄：~相（叶）。设：~言（屑）。亵：褻，轻~（屑）。渫：汲去也，又雨溅（屑）。屑：风~（屑）。榍：柏子~。契：~稷，又音气（屑）。离：同上，

又音式。泄：~气，又音夜（屑）。薛：辥，姓（屑）。爕：燮，~理（叶）。箑：扇也（叶）。檕：风~~声（叶）。愶：惧也（叶）。蹑：跟也（叶）。嗫：~嚅（叶）。媟：淫狎（屑）。葉：叶，地名，又音叶（叶）。泄：漏泄（叶）。奭：公~（陌）。躄：蹩~，行寒滞也。昳：日食（屑）。楔：柱也，又雷~，雷凿（屑）。屧：履也（叶）。绁：緤，马缰（屑）。緤：同上。絏：同上，又缧~。箑：王者仁德，箑莆生叶如门大，无风动扇使凉（叶）。（闪）：上声。（爕）：兵~，音矢。（聂）：音热。

[十七]舌：口~（屑）。截：割~，本作~（屑）。揲：分而数之也，作蝶音，误（屑）。嵲：高山（屑）。捷：快也，又胜也（叶）。踕：~足，亦快（叶）。睫：眼眩（叶）。涉：~水，踏水渡也（叶）。倢：同捷婕（叶）。（峌）：音节。（婕）：~好，音接。

[十八]歇：~落（月）。蝎：螫~虫（月）。胁：~助，肚膨（洽）。脇：同上。

[十九]叶：葉，花~（叶）。协：恊，和合（叶）。挟：手~也（叶）。頬：~颛（叶）。侠：~客（叶）。絜：~矩，又麻一岗（叶）。勰：和也（叶）。擷：将取也（屑）。浃：冻也（叶）。叶：~韵。恊：憰，以威相恐（叶）。鍱：金鍱（叶）。缬：彩~，系绘也（屑）。襭：衣袋。曰：音越，官音似恊。堨：堰也。（愒）：音揭。

[二十]咽：~喉（屑）。噎：饭~（屑）。暍：大热（曷）（月）。厌：厭，~饟，俗语似上（叶）。厴：俗名酒凹（叶）。擪：一指按也（叶）。緤：补缀（叶）。猰：兽名，~而伺人，故隐听曰猰壁听。腌：醃肉也。

[廿一][廿二]无字。

[廿三]列：排削（屑）。烈：功烈（屑）。裂：裂开（屑）。律：~吕（质）。冽：冻~（屑）。劣：恶~（屑）。桝：衣泾~燥。篥：篴~，桶~。篥：筚~，夷人吹作乐（质）。

该 韵

平声

[一]该：~的（灰）。陔：南~（灰）。垓：九~（灰）。侅：非常也（灰）。赅：兼也。荄：根~，草根也（作）（灰）。

[二]开：開，~合（灰）。

［三］□：渠猷切。

［四］獃：呆，痴也（灰）。疢：同上。皑：霜白（灰）。（騃）：音眼。（呆）：音某，梅。

［五］□：音德平。

［六］胎：胞~（灰）。台：三~（灰）。邰：有~（灰）。（枲）：音始。（骀）：音台。

［七］台：臺，楼~（灰）。臺：同上，俗。擡：~轿（灰）。抬：同上，便。苔：薹，芸~，油菜名（灰）。骀：马行，迟缓者曰荡~，官音读台，似隤，俗语谓人行迟缓曰荡~，又上（灰）。苔：绿~（灰）。儓：陪臣，又田~，庸贱之称（灰）。鲐：河豚，鱼名，其背伛，故称老人曰鲐背（灰）。

［八］痳：奴来切，疾也。能：黄~（灰）。

［九］［十］［十一］［十二］无字。

［十三］栽：~种（灰）。哉：虚字（灰）。災：~殃（灰）。灾：同上。菑：同上，又音缁（支）。烖：同上。

［十四］猜：~疑（灰）。

［十五］才：此刻也，官腔在此母，俗在十七母。纔：临也，又此刻也，同上（灰）。

［十六］□：音邑，平声。

［十七］才：贤才（灰）。材：人材（灰）。财：钱~（灰）。裁：裁缝（灰）。此四字官腔读［十五］母。

［十八］哈：笑声。

［十九］孩：~童（灰）。

［二十］哀：~痛（灰）。唉：语助辞。欸：欢声。又~乃，划船声。俗作欸乃误（灰）。埃：尘~（灰）。

［廿一］［廿二］无字。

［廿三］来：來，~去，又去（灰）。莱：蓬~，又~菔，瓯人曰莱头菜也（灰）。徕：招~，又去（灰）。

上声

［一］改：更~（贿）。□：虱~。

［二］凯：凯，凯风，又通便恺。恺：~乐（贿）。岂：豈，~弟，同上，又音起。铠：~甲（灰）。垲：高~（灰）。闓：闿，阳~，酉也，又女生。

［三］隘：立曰～，本巨亥切。（站）：本音暂，俗以此为～，立之～，误。

［四］豿：豕也，五改切。□：天台人土腔，自言我曰～。

［五］犚：多改切，角心也。

［六］□：音台上声，音～。

［七］待：候也（贿）。殆：危殆，俗作去声，误（灰）。怠：～惰，俗作去，误（贿）。绐：欺也（贿）。骀：驽～，又平（贿）。

［八］□：音能，上声。（耐）、□：～间，犹言此刻。

［九］［十］［十一］［十二］无字。

［十三］宰：～相，又割也（贿）。载：年～，上声；船～，去（贿）。

［十四］采：～取（贿）。彩：～色（贿）。采：採，～买。綵：～缎（贿）。寀：僚～，又古文审字（贿）。睬：不朝不～，即不偢不～。（倩）：音茜，俗作此误。

［十五］在：官腔在此母，俗在十七母。

［十六］笇：息改切，竹名。

［十七］在：俗读作此母，官腔在十五母在（贿）。

［十八］海：江海（贿）。醢：肉酱（贿）。榼：酒～。盇：同上。

［十九］亥：～时（贿）。

［二十］霭：和～，又去，《韵府》止收去。欸：～乃，又平，划船声，俗作欸乃，误（贿）。毐：嫽～，淫人。俖：哭余声尾。（蔼）：去声。

［廿一］［廿二］［廿三］无字。

去声

［一］盖：蓋，遮～（泰），概：桶～，构拖也（队）。匄：士～，人名，又丐也，沾～后人（泰）。（溉）：音既。

［二］慨：慷～（队）。嘅：～叹（队）。铠：～甲，又上（队）。愒：贪也，又音气（泰）。（溉）：音既。（恺）（凯）：二字俱上声，作去，误。忾：恨怒也，敌～，又音欷。

［三］□：弒也，其概切。

［四］艾：～叶之～（泰）；淑～之～（队）。礙：无～（队）。碍：同上。磑：麦磨。嵦：自怨自～（队）。

［五］戴：顶～（队）。襶：襶～，不晓事也（队）。

［六］态：態，体～（队）。忲：太也，又入。贷：借～之～去声，乞～之～入声（队）。黛：青～（队）。

〔七〕代：世～（队）。袋：布～（队）。帒：同上。埭：水～（队）。岱：泰～（队）。靆：靆，叆～，薄云也，今以眼镜为叆～（队）。曃：暧～，不明也（队）。瑇：～瑁（队）。玳：同上。逮：及也（队）（霁）。迨：同上，～天之未阴雨。柋：茅～，草木多叶貌（队）（霁）。（怠）（殆）：二字俱上声，俗作去声误。

〔八〕耐：忍～（队）。恧：同上。

〔九〕〔十〕〔十一〕〔十二〕无字。

〔十三〕载：担载之～，去声，年～之～，上声（队）。儎：～货。

〔十四〕菜：芥～（队）。采：～地，同埰，又上（队）。埰：同上，又上。

〔十五〕在：又上（队）。

〔十六〕赛：～会（队）。塞：出～之～去声，闭～之～上声，《说文》窒。

〔十七〕裁：～衣，又平（队）。栽：筑墙版也（队）。□：重～。

〔十八〕顋：脑囟，瓯人谓头顶曰脑～。囟：同上，音信。儗：伲～，痴也，又音议（队）。□：吓也，～你。

〔十九〕害：利（泰）。劾：推穷罪状，俗作勘音，误，又上（队）。

〔二十〕爱：～恶（泰）。嫒：～见。乃：欹～（泰）。霭：和～，又上（泰）。蔼：茂盛（队）。壒：尘～（泰）。馤：香也。暧：晴也（泰）。薆：草盛貌（泰）。叆：～靆，薄云，又眼镜（队）。

〔廿一〕□：风爱切。

〔廿二〕□：逢爱切。

〔廿三〕赉：予也，非上（队）。耒：～耜，作上误（队）。睐：目斜视也（队）。徕：～之，又平（队）。莱：～菔，又平，韵止收平。来：～之，又平。

入声
〔一〕裓：衣裾，又僧衣（职）。

〔二〕刻：时～（职）。克：～能也，又胜也（职）。剋：相～（职）。

〔三〕〔四〕无字。

〔五〕德：惪行（职）。得：寻失（职）。惪：同上。

〔六〕愿：修～（职）。忒：惎，变也，又差也（职）。贷：乞～之～，入声；出～之～，去声，韵府止收去声。

〔七〕特：～地，又兽子（职）。螣：螣螽，食苗心虫，又音滕（职）。

〔八〕鳢：奴勒切，啮人虫。耗：槌稻具。□：温属谓日子曰～子，作此母。

〔九〕无字。

［十］呸：吐唾声。

［十一］无字。

［十二］墨：瑞安语似此母。

［十三］则：准～（职）。仄：广，平仄（职）。昃：厄，盈～（职）。侧：同仄，又旁面也，作测音，误（职）。萴：附子（职）。

［十四］测：猜也（职）。恻：～隐（职）。堲：塞也。（侧）：即仄字。

［十五］贼：官腔在此母。

［十六］色：颜色（职）。塞：堲也，闭～之～，入声；出～之～，去声（职）。啬：鄙吝也，啬旁字《说文》作嗇字（职）。涩：澀，不滑也。濇：同上。歰：同濇（缉）。澁：同上。

［十七］贼：盗贼，瓯语是此母（职）。鲗：乌～，即墨鱼（职）。鰂：同上。蠈：食稻节虫（职）。

［十八］黑：罴白（职）。喝：～导，又去声（曷）。

［十九］劾：推穷罪状，又去（职）。

［二十］谒：请见也（月）。餩：喧声（职）按：字典打嗝声。辖：管～，俗语似压（黠）。

［廿一］［廿二］无字。

［廿三］勒：偪～（职）。肋：胁，～骨（职）。泐：石解散也（职）。扐：分也（职）。仂：取～，什之一也（职）。埒：等也，又库垣也（屑）。（赉）（耒）：皆去声，作上声，误。

【羽音四韵】

居归个（居对切）吉

居韵

平声

［一］居：尻住切（鱼）。据：拮～（鱼）。裾：衣襟，又作倨用，去声（鱼）。琚：琼～，玉也（鱼）。踞：蹻足也，又去声，韵府止收去声。圭：～璋（齐）。珪：玉也。袿：女人服（齐）。闺：～门（齐）。邽：下～县名（齐）。刲：～股，又音科（齐）。车：～马，官音似初（鱼）（麻）。龟：龜，龟鳖，又～兹，音

鸠，今台州人犹曰鸠（支）。规：～矩，官音若归（支）。撝：挥，～谦（支）。
妫：嫣，～汭，水名，又姓（支）。沩：潙，水名，又与上同（支）。雉：子～，
鸟名（支）。鹕：爱～，鸟名（鱼）。椐：木名，又去声（鱼）。拘：相～（虞）。
俱：皆也（虞）。驹：马子（虞）。跔：足冻不伸，又跳也（虞）。斛：酌也（虞）。
簿：～篨，篾席（鱼）。（蘧）：音渠。

　　［二］窥：闚，视也（支）。亏：虧，～损（支）。驱：赶也（虞）。敺：
同上。枢：门圆戺（虞）。躯：身也（虞）。貙：貚，似虎而小狸班（虞）。姝：
美女也（虞）。区：區，～～，小也，又～别（虞）。岖：崎～峻险（虞）。祛：
衣襟（鱼）。袪：逐也（鱼）。陆：依山谷为～圈（鱼）。胠：腋下，又去（鱼）。
呿：吹也（鱼）。（摅）：舒也，音吹。（樗）：音吹。抠：音口，平。

　　［三］渠：大沟（鱼）。蕖：荷花（鱼）。蘧：～伯玉（鱼）。醵：～金，
各人出金会饮酒也，又上、去声（鱼）。磲：砗磲，白宝石（鱼）。絇：履饰（鱼）。
鶻：雕鶻，鸟名（鱼）。裧：戟属（支）。夔：～龙（支）。瞿：姓豦（虞）。衢：
街也（虞）。臞：～仙，瘦也（鱼）。鸜：～鸲，八哥名（虞）。軥：锺馗（支）。逵：
路也（支）。駏：马行善也（支）。犓：牛名（支）。枸：九～，盘错也，又音苟、
枸、杞（虞）。鼩：精～，鼠也（虞）。劬：～劳（虞）。痀：～手，又曲脊（虞）。
胊：脯也（虞）。葵：～花。（踽）：上声。

　　［四］鱼：～龙，鱼旁作㐮。渔：打～人（鱼）。铻：鉏～，又上（鱼）。
衙：～～，行貌，音牙（鱼）。虞：唐～（虞）。危：～难（虞）。禺：番～，县名，
属广东（虞）。隅：一角也（冬）。顒：嘉庆庙讳（虞）。嵎：山顶（虞）。喁：
口向上（虞）。鸕：鸟名（虞）。麌：鹿雄，又上（虞）。巇：巇～，山巅（支）。

　　［五］都：～里（虞）。阇：闍～，城门外也，又～黎，僧也，又音者，又
音蛇（麻）（虞）。

　　［六］□：音吐，平声。

　　［七］途：路～（虞）。涂：塗，同上，～山，《说文》㕵（麻）。蜍：蟾～，
癞蛙蟆，月之精也（鱼）。屠：～户，又姓（鱼）（麻）。酴：～酥，酒名。图：圖，
～书（虞）。瘏：病也（虞）。稌：多～，又上（虞）。菟：于～，虎也，又音兔（虞）。
廜：～廯，庵也。（駑）：鸟名，音奴。（挐）：草名，音奴。

　　［八］摹：草名（鱼）。㞕：鸟名。□：呼猪声。

　　［九］波：瓯郡城中似此音，［十］［十一］［十二］同。

　　［十］铺。

　　［十一］婆。

〔十二〕磨。

〔十三〕朱：赤也（虞）。珠：珍～（虞）。硃：砥～（虞）。铢：二十四铢为一两（虞）。株：树一～（虞）。侏：～儒，矮小之人（虞）。蛛：蜘～（虞）。鼃：同上。租：～谷（虞）。诛：杀也（虞）。洙：～泗，水名（虞）。邾：国名（虞）。诸：众也（鱼）。藷：蔗也，有除、树二音，而《群芳谱》以甘蔗为今之番蒋，未妥。苴：麻也，又苞～，包也，又音槎、邪、诈、巴、苞、主、社共九音。狙：～公，猿也，又去声（鱼）。疽：高赤者为痈，平淡者为疽，痈宜解毒，疽宜补托（鱼）。沮：～洳，水名，又去，又音左（鱼）。砠：石山带土（鱼）。且：只～，又音鼠（鱼）。蛆：蜡～（鱼）。菹：～菜，腌菜，又泽草（鱼）。猪：豕也，同猪（鱼）。葅：草名（鱼）。咀：～嚼，非左。潴：渚也（鱼）。隹：鸟也（支）。锥：铓也（支）。萑：草多，又音桓，～苇（支）。骓：乌～马（支）。雏：小鸠（支）。睢：仰目，又去声（支）。追：～赶（支）。鉏：～耡，又音锄、隋、汝、助共五音。楮：苦～，花如栗，子如栎子，而圆短。（菟）：于～，音徒。

〔十四〕吹：吹箫之～平，鼓吹之～，去，《说文》歔（支）。炊：～饭（支）。趋：急走也（虞）。粗：麤，～细，（虞）。麁：同上。觕：同上（虞）。粗：同上。樗：～栎，俗作为，误（鱼）。摴：～蒲作为音喉（鱼）。摅：舒也，～意（鱼）。

〔十五〕除：退～（鱼）。滁：～州（鱼）。篨：籧～，筱席也（鱼）。躇：蹰～（鱼）。储：～积，又姓（鱼）。藷：甘蔗，又音朱树（支）。蒢：草鱼（鱼）。裯：床帐（虞）。堕：坏也，又音惰（支）。垂：～下，《说文》巫或坙，下同（支）。陲：边～，边地（支）。鎚：铁～（灰）（支）。锤：同上。槌：同上，又去。椎：同上（支）。倕：重也，又工～，古巧人（支）。厜：～羲，山巅（支）。箠：竹名，又竹箠也，又音主，马鞭。捶：打也，又音主。搥：打也，音堆。（褚）：音主。

〔十六〕书：書，读书，又写也（鱼）。舒：安～（鱼）。鵨：鸟，似鸢（鱼）。谞：有才智（鱼）。纾：缓也，又上（鱼）。胥：皆也，又～吏（鱼）。稰：粮也（鱼）。荽：芫～（支）。绥：安～（支）。须：必须，待也（虞）。须：鬚，胡～，《说文》须。需：用也，又卦名（虞）。濡：沾染也（虞）。繻：帛边也，出开裂以为符（虞）。嚅：嗫～（虞）。鑐：锁～。渝：败也，变也（虞）。输：～赢（虞）。酥：～酪也（虞）。苏：蘇，生也，又紫苏（虞）。廗：庼～，庵也（虞）。稣：同蘇（虞）。婆：女字。緌：帽～，又系冠缨（支）。蕤：草木华垂曰～，生也（支）。桵：同上（支）。雖：～然（支）。虽：同上，俗。甦：同甦。（臑）：音狙。（妤）：音余。（屎）：音溺。（襦）：音如。

〔十七〕儒：～释（虞）。懦：～弱也，又去、上（虞）。薷：香～。醹：厚酒，又上（虞）。襦：短衣有要（虞）。麎：鹿子（虞）。殳：戈属（虞）。殊：异也（虞）。如：～何，有去（鱼）。茹：食也，有上、去（鱼）。笰：竹～，刮取竹皮也，作茹，误（鱼）。袽：敝衣（鱼）。鴽：鹌也（鱼）。耡：助耕也，又音助（鱼）。谁：～人（支）。随：跟～（支）。隋：隋朝（支）。洳：沮～，又去（鱼）。（孺）：去声。

[十八] 辉：光辉（微）。晖：日光（微）。翚：翬，～飞（微）。煇：光也（微）。挥：手～（微）。楎：杙也（微）。虚：空也（微）。嘘：吹～（鱼）。歔：欷～（鱼）。吁：吓，～嗟（虞）。旴：日始出（虞）。訏：～谟（虞）。姁：美也（微）。冔：商冠，又上（虞）。欨：吹也，又笑意，又上去（虞）。忶：忧也（虞）。魖：夔～，耗鬼（鱼）。

[十九] 为：爲，做也，又去（支）。维：纲～（支）。帷：～帐（支）。惟：止也（支）。唯：义同上，又诺也，若作应声用上声，韵止收上。于：单亏，又《诗》《易》与於同（虞）。竽：笙～（虞）。余：餘，有～（鱼）。余：我也（鱼）。予：同上，又上（鱼）。轝：车也，扛也（鱼）。舆：车也（鱼）。欤：哉也，又去（鱼）。与：與，同欤，平声，取～，上声（鱼）。旟：旗也（鱼）。雩：祭天祷雨处（虞）。盂：盋盘（虞）。杅：杇，同上（虞）。芋：草盛也，又去（虞）。俞：都～，凡俞旁《说文》皆作俞（虞）。逾：过也（虞）。萮：花貌（虞）。璵：璠～，玉名（鱼）。誉：譽，毁～，又去（鱼）。雓：鸡子（鱼）。妤：婕～，俗舒、如音俱误（鱼）。㦛：行步安舒也（鱼）。貐：兽名（虞）。狳：兽名（鱼）。潍：水名（支）。喻：～呕，和悦貌，平；晓～，去声；又姓，音树（虞）。逾：踰，越也（虞）。歈：歌也（虞）。瑜：美玉（虞）。褕：里衣（虞）。牏：筑墙短板也，又去（虞）。窬：穿～，窃盗（虞）。覦：覬～，欲得也（虞）。榆：钱～树（虞）。毹：毡也（虞）。睮：～～，媚貌（虞）。羭：美也，又牝羊（虞）。隃：越也（虞）。闍：窥也（虞）。揄：揶～，又音尤，又引也（虞）。瑜：墓也（虞）。愉：悦也（虞）。惆：忧也（虞）。瓿：瓶也（虞）。蝓：蜒～，蜗牛也（虞）。瘐：病也（虞）。腴：肥也（虞）。萸：茱～（虞）。臾：须臾，不多时，又颙～（虞）。遗：祖遗（支）。汙：污也（虞）。渝：败也，又音书（虞）。瘐：死狱中，曰～死。谀：谄～（虞）。韦：韋，皮也（微）。违：～背（微）。畬：耔～，又音齐（虞）。禕：美也，与褘异（微）。帏：～帐（微）。围：～牢（微）。闱：庭～（微）。舁：抬也。鼊：大龟（支）（齐）。觿：觽子，俗名觿子（齐）。携：～手（齐）。鑴：大钟，与镌异（支）（齐）。轊：车轮一周也（齐）。鴜：鸟名。以上六字官音若耶，此母诸字上湖乡及三十三四五等都皆读做胡音，而敝处与郡城读为音，

135 - 135 -

又上（齐）。（樗）（摢）：俱音吹。（牏）：音恕。（苇）（玮）：俱上声。（禕）：音辉。镌：音专。（牏）：音于。（齵）：上声。（烓）：音圭。甗：音圭。（媮）：音偷。（愈）：上声。

［二十］威：~严（微）。葳：~蕤，一名玉竹（微）。蝛：蛜~，鼠妇虫生于瓮底（微）。箊：箖~，竹篁（鱼）。於：语助，又音乌（鱼）。于：《诗》《易》同於，又音盂，《说文》于旁作亐（虞）。迂：~阔（虞）。玗：似玉（虞）。釪：乐器（虞）。纡：屈曲也（虞）。瘖：~~，喊声大振。逶：~蛇。菸：烟草。踒：足折也，又音乌（歌）。萎：弱草（支）。痿：足弱（支）。蜲：~蛇（支）。餧：鹿肉（支）。淤：~坭（鱼）。污：同上，又音乌。盱：~眙，县名（虞）。杇：涂也，同圬，又音乌。（阏）：音遏，又音烟。

［廿一］鈇：莝椹。

［廿二］柎：草木房。□：此二母瓯城作此音。

［廿三］爐：风~（虞）。炉：同上，便。鑪：~灶（虞）。垆：同上，又酒~，又土黑而疏（虞）。庐：廬，屋也（鱼）。驴：驢，马~（鱼）。攎：拿持也（虞）。闾：门~（鱼）。榈：椶（棕）~，花~（鱼）。胪：传~（鱼）。蕳：庵~（鱼）。駼：驿传谓使~（鱼）。蒌：~蒿，又音娄、柳（虞）。氀：毯也（虞）。膢：祭名（虞）。泸：水名（虞）。颅：头也（虞）。纑：布缕（虞）。镂：属~，剑名，又音搂（虞）。轳：辘~（虞）。鸬：~鹚（虞）。卢：盧，姓（虞）。芦：蘆，~花（虞）。羸：瘦也，力为切，官音似雷。栌：柱上斗栱也。溇：溇，小雨不绝，又音缕、娄。瓐：碧玉。矑：视也。甗：瓠甗，即壶卢。（攎）：音吹。

上声

［一］举：舉，举人，此字湖乡暨三十四五等都读若主，郡城在此母（语）。莒：草名（纸）。筥：筐方~圆（纸）。榉：~树曰溪萝，郡人名溪口（纸）。籧：饭牛器（纸）。鬼：~神（尾）。矩：规榘，俗读作第三母，巨音，误（麌）。蒟：~酱，叶葚俱似桑（麌）。窭：贫也（麌）。轨：车~（纸）。宄：奸~，奸细也（纸）。癸：壬~（纸）。诡：~异（纸）。晷：日影（纸）。簋：簠~（纸）。庋：藏也（纸）。匭：匣也（纸）。垝：毁墙（纸）。蘬：花也（纸）。芄：草地（纸）。蔇：蘧，姓（纸）。（履）：去声。

［二］弆：藏~以为荣，藏也。去：藏厺（语）。（怯）：音揭。

［三］巨：巨大也，官腔在一母（语）。拒：挡也（语）。炬：灯火（语）。钜：巨，大也（语）。讵：岂也（语）。距：鸟足（语）。跪：~拜（语）。跽：同上。

膡：同上。揆：～度（纸）。怚：惧也（语）。秬：～鬯酒（语）。苣：白～菜（语）。
踽：～～独行（麌）。（矩）：音轨，第一母俗作此母，误。簴：笋～，悬钟木。
（阒）：音阙。（睽）：音魁。

[四]语：言语（语）。女：～子（语）。圄：图～，俗作平，误（语）。圉：
～人（语）。御：禦，舣也，又去（语）。虡：钟～，悬钟木（语）。衙：～～，行貌，
与衙门异（语）。龉：龃～，又平（语）。籞：禁～，上宛也（语）。敔：祝～，
止乐器（语）。麌：雄鹿（麌）。俣：大也（麌）。

[五]肚：肠～，又音杜（麌）。赌：～博（麌）。睹：目～，视也（语）。
覩：同上（语）。堵：墙也。上三字作去声，误（语）。

[六]吐：～唾之～，上声；呕吐之～，去声（麌）。土：土地（麌）。

[七]杜：杕～，杜门，闭门（麌）。肚：～腹（麌）。稌：黍～，又平（麌）。

[八]奴：上声。

[九]补。

[十]浦。

[十一]部。

[十二]麽：上声。以上四母郡城作此音。

[十三]主：人～（麌）。祖：～宗（麌）。麈：鹿尾，作去，非（麌）。炷：
香一～，又去（语）。拄：支～（语）。觜：音嘴，又音之（纸）。褚：姓（语）。
嘴：同觜，口～。箠：马鞭，又平声，竹名。

[十四]处：虏，居处上声，出处去声（语）。黼：五彩鲜明，又通楚（语）。
取：～来（有）（麌）。（娶）：去声。

[十五]柱：栋～（麌）。杼：～轴，绢机（语）。墅：别～（语）。亠：
当～立处人君（语）。贮：贮积（语）。詝：咸丰庙讳。竚：～立。抒：挹水（语）。
楮：纸也，同柠（语）。渚：水中汦（语）。绪：头～（语）。捶：～扑，击也（纸）。
仁：立也（语）。纻：紵，～麻，俗语若舐（语）。苎：桑～，又草（语）。羜：
小羊（语）。箠：马鞭（纸）。（褚）：音主。（署）：音树。（曙）：音树。

[十六]水：～火（纸）。蘂：花～，花之未开者，俗语似御音（纸）。蕊：
同上，便。蕊：花也。蕋：同上，俗。暑：热也，俗作去声，误（语）（纸）。
黍：～稷，非去（语）。醑：酒也（语）。糈：粮也（语）。谞：才也（语）。湑：
露水，又平（语）。稰：获也（语）。纾：缓也，又平（语）。

[十七]聚：会～（麌）。竖：豎，～屋（麌）。竪：豎，牧～（麌）。乳：
妳也（麌）。树：种植也，上声；～木之～，去声（麌）。醹：厚酒，又平（麌）。

- 137 -

序：次~（语）。汝：你也（语）。女：同上，又音（语）。叙：~话（语）。茹：食也，又平去（语）。淑：水名（语）。（署）：音树。

[十八]许：应~（语）。呴：口病声，又平（麌）。煦：和~，又去（麌）。栩：苞~，栎也，其子谓皂斗，即苦株（麌）。诩：自美（麌）。毁：~言人不善，又坏也（纸）。燬：毁，烧也（纸）。以前四字俗读作去声，误。卉：草也，又去（尾）。鞾：鞮~，又通靴（尾）。

[十九]雨：落雨（麌）。禹：~王（麌）。瑀：玉佩之间白珠也（麌）。宇：亏宙（麌）。羽：~毛（麌）。庾：釜~（麌）。苇：芦叶，平（尾）。玮：玉也，俗作平声，误（尾）。愈：好也，俗作平声，误（麌）。窳：呰~，懒惰也。~器，瓷器之歪裂者（麌）。斔：量也（麌）。齲：老人生齿也（麌）。唯：诺也，又平（纸）。匙：是也（尾）。与：與，相~（语）。予：我也，又平（语）。鲂：鲂~（语）。愚：恭敬（语）。伟：大也（尾）。（藇）：薯~，山药，去声。此母三十三四六暨上乡等都皆读作祸音，郡中仍读此音。

[二十]委：原~，~弃（纸）。骫：曲骨（纸）。妪：老~，又去。（尉）：去声。（蔚）：去声。（慰）：去声。（透）：去声。

[廿一]府。

[廿二]父：瓯城作此音。

[廿三]旅：军~（语）。吕：律~（语）。梠：棕~（语）。侣：伴~（语）。袬：祭也（语）。膂：臂也（语）。儢：~拒，心不安，又~~然，不勉强（语）。卤：滷，盐~，官腔若鲁（麌）。（履）：踏也，官腔若李（纸）。（屡）：~次，去声。（摅）：平声，音吹。（彚）：音胄，去声。

去声

[一]桂：~花（霁）。鳜：~鱼，又音骨（霁）。蹶：跌也（霁）。鹄：鹄~，即杜鹃（霁）。贵：富贵（未）。句：章~，又通勾（遇）。屦：鞋也，俗作上声，误（遇）。据：據，凭~（御）。季：四~（置）。愧：耻也（置）。媿：同上，又叔~（置）。悸：惊~（置）。恚：~怒（置）。觖：瘦也，不正也（置）。塊：堂隅（置）。倨：~傲（御）。椐：木名（御）。踞：箕~，趣足（御）。鐻：形似夹钟，削木为之，又音巨（御）。锯：刀~（御）。遽：急~（御）。蘧：~伯玉，音渠，作此音，误。

[二]去：来~，又上（遇）。胠：启~，左翼曰启，右翼曰~（御）。呿：欠~，口张也（御）。驱：先~，又平（遇）。

［三］具：全也（遇）。懼：惧，怕也（遇）。箕：畚箕（置）（卦）。黃：草器（置）（卦）。匵：箱~（置）。柜：櫃，同上。鑟：同匵（置）。馈：送也（置）。餽：同馈。讵：庸~，岂也，又上（御）。醵：敛钱饮酒，又平（御）。勮：勤务也（御）。愳：同懼，便。愳：同上，古文。

［四］遇：相~（遇）。寓：~处（遇）。㝢：同上。御：~车（御）。驭：控~（御）。语：向人言也，又上（御）。女：玉~汝成，又上（御）。御：籞，韵止收上。伪：僞，假也（置）。譌：同上。（藫）：音水。（藥）：同上。（蕊）：花也，音水。蕋：同上。

［五］妒：~忌（遇）。妬：同上（遇）。蠹：蛀虫（遇）。（睹）：上声。（覩）：同上。（堵）：上声。

［六］吐：呕~，又上（遇）。兔：猫~（遇）。

［七］度：~量（遇）。渡~船（遇）。镀：~金，贴金，烧金也（遇）。

［八］□：奴路切。

［九］布。

［十］破。

［十一］步。

［十二］磨。以上四字瓯城作此音。

［十三］註：~书（遇）。注：同上，又眷~（遇）。疰：鬼~。蛀：~虫。驻：~扎，又住（遇）。炷：香一炷，又上声（遇）。柱：~牢（遇）。铸：鑄，~钟（遇）。醉：子遂切，音注，作卒去，非（置）。醊：~祭（霁）。赘：入~（霁）。咮：鸟口，又音昼。（遇）。驔：马白足（遇）。足：~恭（遇）。缀：连也，又音掇（霁）。著：~作，又音勺（御）。翥：飞也，俗作者、纸二音，皆非（遇）。诅：咒~（遇）。狙：猴爷，又平（御）。沮：~洳，又平（御）。苴：《汉书》苴白毛于江淮。又音租、槎、斜、坐、巴、主、社。（廛）：上声。（蛆）：平声。齝：腰~。

［十四］处：處，何~（御）。覻：覷，猿~，偷视也（御）。醋：酸醋（遇）。趣：有趣，又音促（遇）。娶：~妻，俗作上，误（遇）。吹：鼓歔，又音粗（置）。

［十五］住：居~（遇）。坠：墜，~下（置）。缒：绳~下（置）。槌：蚕~，又平（置）。腇：重~（置）。锤：玉鎚，又平（置）。硾：镇也（置）。甀：小口罃（置）。除：其~，不~（御）。（穗）：音树。（曙）：音树。

［十六］恕：宽~（御）。庶：庻，度众也（御）。絮：棉也（御）。岁：崴，年~（霁）。税：报~，出~（霁）。帨：巾也（霁）。说：游~，又音雪、

－ 139 －

悦（霁）。输：转～，又平（遇）。诉：告～（遇）。塐：同塑，～佛上（遇）。
戍：守关（遇）。祟：鬼～（寘）。隧：～道（寘）。晬：～～然，润泽也（寘）。
谇：诟～（寘）。腧：肺～穴，俗作俞音，误。灜：潾～，滑也，又音念。（淬）：
音水。

[十七]树：树木（遇）。澍：雨下（遇）。孺：～子，小儿（遇）。喻：
姓又音俞、位。瑞：祥～，乐、平人作萃（寘）。遂：成也（遇）。燧：阳～，
火也（遇）。穗：稻～（遇）。穟：禾也（遇）。禭：送人衣（寘）。璲：佩玉（寘）。
缝：佩玉带（寘）。曙：天明（御）。茹：食也，又音如，又上（御）。如：不～，
又平（御）。署：衙～（御）。洳：沮～，又平。（妆）：平声。隧：墓道，音恕。

[十八]纬：经～（未）。讳：忌～（未）。卉：花～，又上（未）。昫：～
育，又春光（遇）。呴：吐沫也，又音构（御）。嘔：～～，和声（御）。嘔：同
上。洫：静也（寘）。薉：荒～（队）。姁：～～然，乐（遇）。酗：～酒（遇）。
翙：翽，～～，飞声（泰）。（咻）：平上二声。

[十九]位：坐位（寘）。为：為、爲，～你，又平（寘）。遗：遺赠也，
又平（寘）。蔿：王～，椆桐，又地肤（寘）。彗：本徐注切，彔也（寘）。篲：
同上（霁）。卫：侍～（霁）。炜：光也（霁）。芋：种～，又平（遇）。谕：
晓也，上～（遇）。喻：譬也。又同谕，又平，又音树，韵止平（遇）。吁：籲，
～地呼天（遇）。雨：雨人（遇）。与：～人，又上，犹～（遇）。裕：丰～（遇）。
惠：恩惠（霁）。憓：爱也（霁）。蟪：～蛄，土狗也（霁）。叡：～圣（霁）。
睿：同上。蕙：兰～（霁）。胃：脾胃（未）。渭：～水（未）。豫：悦～（御）。
誉：言人好也（御）。淢：滪～，水名（御）。蓣：薯～，淮山药（御）。礜：～石，
即砒霜，又名信（御）。悇：忧惧也，又憛～，爱也（御）。欤：歟，同乎，又
平（御）。牏：筑墙板。谓：言也（未）。櫘：橇，棺也（霁）。预：先也，又
干～（御）。（伟）：上声。彚：～征，非路（未）。

[二十]畏：怕也（未）。尉：县～，太～（未）。慰：安～（未）。蔚：霞～，
又音郁（未）。餧：～饭（霁）。喂：同上。鋭：推～（寘）。萎：软也（寘）。
椳：如几无足（御）。淤：～坭（御）。妪：老～，又平上声（遇）。罻：鸟网。
蟁：飞蚁。秽：污也，又上声，又音鏏，去声（队）。

[廿一]赋。

[廿二]附，瓯城作此音。

[廿三]路：道～（遇）。璐：美玉（遇）。露：～水（遇）。辂：～车（遇）。
鹭鸶（遇）。赂：贿～（遇）。潞：～州（遇）。鏴：鎈也（御）。屡：～次，～

空，作上误（遇）。滤：俗语似利，去渣。嚛：～～，呼狗声。类：一～（御）。

此母湖乡与隔江等处语似戈韵，去声，近官腔。

入声无字

归韵

平声

［一］归：歸，～去（微）。

［二］魁：～元（灰）。瑰：～奇（灰）。傀：伟也，又上（灰）。恢：～复（灰）。盔：～甲。悝：孔～之难（灰）。暌：～遗（齐）。睽：～卦（齐）。聧：耳聋（齐）。奎：～星（齐）。刲：割羊，又音桂（齐）。頯：瓯人谓额曰额～头。（喟）：去声。

［三］□：～转，葵回切。

［四］巍：高也（灰）。嵬：崔～（灰）。隗：郭～，音巍，又嶵～，上声，又大～，音居（灰）。（魏）：去声。

［五］堆：一～（灰）。敦：《诗》～彼独宿。又～商之旅。《庄子》使士敦剑，又音凋端共十四音。□：刀～，不快也。𪐴：磊～，瓯人谓事不易为之磊～。

［六］推：～车，又音吹（灰）（支）。蓷：谷～（支）。熓：～猪以汤除毛也。㩅：同上，瓯人谓宰杀六畜曰～。

［七］頽：頽，败也。隤：㞷～（灰）。魋：桓～，徒回切，俗作雷音，误，又音垂。□：屡子，温人谓之～。

［八］捼：揉也，又音纸。挼：同上（歌）（灰）。

［九］悲：～伤（支）。碑：石～（支）。卑：尊～（支）。盃：酒～。杯：同上（灰）。桮：同上。□：背牢。

［十］坯：坺～。坏：山再成。胚：～胎（灰）。醅：酒醅，连糟酒也，俗作培音，误（灰）。

［十一］培：栽坲，～植（灰）。赔：～偿。陪：～客（灰）。抔：捧也（尤）。裒：～多减也，又聚也（灰）。掊：～取，平声；～击，上声（肴）。俳：～徊。襄：同上。裴：姓也（灰）。俳：同徘，又～优，又音排。瓿：瓦器，又上声（虞）。（倍）：上声，又去。（醅）：音坯。

［十二］梅：～柳（灰）。楳：同上。煤：火～（灰）。媒：～人（灰）。枚：

- 141 -

一~（灰）。禖：求子祭（灰）。莓：~苔（灰）。霉：~雨。霉：黴，衣裳~点。

　　[十三]樓：租回切，木节也。俗腔似争，即树~也。朘：小儿阴也，又音宣（灰）。

　　[十四]催：~人（灰）。摧：~倒（灰）。崔：~嵬，又姓（灰）。榱：梁上短柱（支）。衰：赵衰（灰）。缞：孝服，麻衣也（灰）。

　　[十五]□：音姪，平。

　　[十六]衰：盛衰（支）。鰓：角中骨（灰）。（蓑）：音沙，农夫雨衣，以棕为之，即袯襫也（歌）。

　　[十七]□：音罪，平。

　　[十八]灰：火~（灰）。诙：~谐（灰）。麾：使也，~下，指~（支）。戏：戲，同上，又音喜，又同呼。徽：~州，又琴~（微）。虺：~隤，又上（灰）。

　　[十九]回：~头（灰）。廻：回，~旋。洄：溯~（支）。蛔：~虫。蚘：同上。徊：徘~（支）。桅：船~（支）。槐：~树（佳）。茴：~香（支）。蛕：同蛔。

　　[二十]隈：隅也。煨：火~。鰃：茶~。偎：爱也，~贴（灰）。椳：户枢。喂：呼人声，又上。猥：~风，无风之处。

　　[廿一]不：芳杯切，不要也。又音敷鸠切，~其，又音卜，又音否。

　　[廿二]□：音佛，平。

　　[廿三]雷：五~（灰）。靁：《说文》雷。檑：~鼓，又去。罍：尊~，又上（灰）。蔂：~梩，畚箕也。纍：~~如贯珠，又系（支）。缧：~绁，作上声，误。欙：山行乘~（支）。櫑：酒樽，又上。鼺：同上（灰）。累：《孟子》系~其子弟；《礼》《吕氏春秋》乃合~牛腾马，俱平。连~上声。《韵府》平声未收。虇：音隤。（捩）：音利。（蘽）：上声。

　　上声

　　[一]垝：败墙。佹：戾也（纸）。□：~转鬼，官音作此母。

　　[二]傀：伟也，又平（纸）。碨：石也（贿）。

　　[三]□：~转。

　　[四]隗：叔~，作愧音，误，又平（贿）。嵬：崔~，又平（贿）。頠：头也（贿）。

　　[五]刏：手刏也。磥：磊~，事不易为也。脮：牛领~。頠：同上。□：结~。

　　[六]腿：火~。□：脚~，同上（贿）。尵：尵~，足风疾行病。

[七] 錞：鐓~，矛之下端，徒猥切，又去声，又音纯、端，《说文》鐏。（贿）。陪：高也。腇：腲~，音餒。

　　[八] 餒：饿也。鮾：同上（贿）。鰄：鱼不鲜也（贿）。腇：萎~，耎弱貌。媆：妍也，又音绥。（耐）：去声。（恧）：同上。

　　[九] 悲：上。

　　[十] 胚：上手~。

　　[十一] 倍：百倍，又去（贿）。培：~田，又平（贿）。掊：击也（有）。蓓：草也（贿）。瓿：钵也，又平（有）。

　　[十二] 每：~事（贿）。浼：污也。□：嘴~。

　　[十三] □：音卒，上声。□：打也。

　　[十四] 揣：~度（纸）。皠：霜白（贿）。璀：~璨，玉光也（贿）。（脆）：柔~，去声。（脃）：同上，俗。

　　[十五] □：音岂上声。

　　[十六] □：音衰上声，瓯人小儿曰~细儿。

　　[十七] 罪：有~。辠：同上（贿）。

　　[十八] 贿：~赂（贿）。悔：~吝，反~，上声（贿）。洧：溱~，水名（纸）。喙：嘴也。煨：~肉。燜：同上，烂~。

　　[十九] 汇：洄，~拢，又平，无去（贿）。庱：癞鬼，喂~（贿）。瘣：林木无枝（贿）。鮰：惊鸟食已，吐其毛骨如丸，疑~转之~。溃：癞也，去声，俗作猥音，非。

　　[二十] 猥：~曲也（贿）。誄：呼人也，又平。（溃）：去声。

　　[廿一] [廿二] 无字。

　　[廿三] 累：是黍为累，又连~，《说文》絫，又平声，韵府有絫无累（纸）。诔：祭文，作去误（纸）。垒：蘲，中~、军~，郊中屯军之~（纸）。蘲：蓓~，花连~多也，又葛~（纸）。蕾：蓓~，花蕊繁多（贿）。磊：~落（贿）。癗：疮~（贿）。礧：同磊（贿）。儡：傀~，木人（贿）。礌：大石（贿）。樏：山行乘~（纸）。瘰：~疬。（缧）：平声。（纇）：去声。

去声

　　[一] 绘：繪，~画（泰）。脍：肉细剁也（泰）。桧：心红轮柏也，即栝木，处州称栝苍，古多栝木，因名。栝下注云：柏叶松身，今人遂不知桧即栝。谓柏叶松身之木，古有今无，故并及之（泰）。浍：水沟（泰）。〈〈：同上。狯：狡

诈人（泰）。侩：伢～、市～，市中人（泰）。郐：郐子来朝，俗作鄁，误（泰）。
荟：草盛也（泰）。襘：衣总结（泰）。刽：～子手，杀人者。会：會，～稽（泰）。
列：曹～（霁）。瑰：玫～。

［二］块：塊，土～（队）。喟：喟叹也，无平（置）（卦）。

［三］□：近块切。

［四］魏：～国（未）。□：瓯人肚饥，曰肚～。

［五］对：對，应对（队）。碓：水～（队）。敦：珠盘玉～。又《仪礼》
四敦皆～。此字共有十四音，散见各韵下，盖又《礼》有虞氏之两～（队）。

［六］退：进退（队）。逯：古文退。褪：退衣也（愿）。唾：痰唾（个）。
蜕：蝉～（霁）（泰）。

［七］兑：～换，又卦名（泰）。峗：山名（泰）。娧：好也。侻：同上（泰）。
駾：奔也，昆弟～矣。队：隊，～伍（队）。怼：怨～（置）。镦：矛下铜（队）。
憝：大～，大奸恶也（队）。譈：同上。錞：鐏宜作錞，鋈～，又音纯（队）。

［八］内：～外（队）。耐：奴代切。

［九］背：～脊，又音佩（队）。北：同上，又音不（队）。辈：吾～（队）。
褙：～褡，又褙～。贝：宝～（泰）。狈：狼～（泰）。□：～米。

［十］配：相～（队）。琲：珠一串（队）。誖：老～（队）。朏：披佩切，
日将曙，又音斐（队）。沛：沛然（泰）。霈：霖雨（泰）。斾：旗也（泰）。
（悖）：入声。（踣）：入声。

［十一］佩：～玉（队）。珮：玉～。焙：火～（队）。帔：珠冠霞～（置）。
倍：鄙～，不向也。又十～、百～。韩文《韩滂墓志》：读书倍文，功用兼人。
注：倍文，谓背本暗记也。若此，则背书之背，宜作倍。

［十二］妹：姊～（队）。昧：暗～（队）。痗：病也（队）。脢：背肉（队）。
寐：睡也（置）。魅：鬼～（置）。眛：目不明（置）。秣：～马，音末，作昧音，误。

［十三］惴：～～，忧也（置）。眣：《书》元首丛脞哉。从目不从月，犹
言细碎也。作错音，误。（醉）：将遂切，音注，俗语尚言酒注，而读作惴音，非。

［十四］翠：翡～（置）。箣：刀～。劂：同上。脃：脆，柔～，松嫩也（霁）。
膬：同上。毳：软毛（霁）。橇：重捣也。又泥行乘橇，橇形如箕（霁）。倅：
佐贰也（队）。淬：竖刀（队）。焠：同上。晬：周岁。于瓯人谓小儿曰碎细儿，
晬、碎声近，疑即此字。

［十五］嵬：山～。

［十六］碎：细～（队）。粹：纯粹。俗作萃音，误（置）。邃：深～。俗

- 144 -

作萃音，误（置）。谇：诟~。俗作卒音，误（队）。（祟）（岁）（税）官音在此母。瓯腔在居韵十六母，去声。

[十七]睡：困也（置）。萃：聚也（置）。悴：憔~。额：顑~，同上（置）。锐：锐，锋利（霁）。螨：细蚊也，同蚋（霁）。汭：妠~（霁）。芮：虞~，地名（霁）。叡：深明也（霁）。枘：凿~，柄入孔处（霁）。（邃）：音碎。（粹）：音碎。

[十八]诲：教~（队）。晦：晏也（队）。悔：~气，又上声（队）。濊：汪~，深也（队）。喙：鸟嘴（队）。靧：洗面（队）。

[十九]会：會，相~（泰）。憎：嫌恶，又能也（泰）。愦：心乱（队）。汇：彙，字~。溃：败也（队）。绘：画衣（队）。阓：阛~，市门（队）。回：避也，又平（声）（队）。洄：~旋，又平。（汇）：上平二声。（廻）：平声。

[二十]秽：污~（队）。

[廿一][廿二]俱无字。

[廿三]擂：研物也。礌：~落（队）。礧：同上。擂：~鼓（队）。纇：丝有乘~（队）。颣：头~转。踜：~倒。纍：系也（置）。鐳：大钻头也。俗谓~钻。累：《书》终~大德。《左》无~后人，去声；系~其子弟，平声。连~，上声。《说文》絫。酹：酒灌地（队）（泰）。（唳）：叫也，音利。（戾）：暴~，音利。（盭）：同上。（捩）：同戾，音利。（捩）：~琴拨弹，音利，又音列。（淚）：音利。

入声

[一]国：國，~家（职）。蝈：蚕声。蝈：蝼~，蛙蟆也。帼：巾~，妇人所戴（陌）。掴：打也（陌）。（馘）：同上。

[二]区：區，曲也。《礼》~萌达。注：屈生曰曲（职）。

[三][四][五]无字。

[六]秃：音退，光也，入声。

[七]敔：音隙，入声，夺也。见《说文》，今改为夺，与兑声无涉。

[八]（耐）：入声。

[九]北：西~（职）。不：~可（物）。

[十]呸：吐唾声。

[十一]坯：坭~。踣：跌也（职）。僰：西蜀夷人（职）。罷：骂庸贱，谓之僵~。

［十二］墨：笔～（职）。默：默识（职）。纆：罪人所缚绳也（职）。冒：贪～，又音帽（职）。蟔：蝙蝠（职）。

［十三］执：執，手执（缉）。汁：肉～（缉）。馽：马绊（缉）。卒：兵～（缉）。质：質，姿～（质）。绩：帽～（质）。鸷：阴～，定也（质）。锧：鑕，斧也，或作质。礩：磉础（质）。挃：手掷物也（质）。厔：盩～，陕西县名（质）。蛭：水～，俗名马蜞（质）。桎：～梏，罪具（质）。郅：摄～，登也。又地名，又姓（质）。咥：大也（质）。帙：巾也（陌）。铚：艺禾短镰（质）。

［十四］漆：漆髹（质）。七：数目（质）。柒：同上。諔：咠～，私语也（质）。辑：搜～（缉）。缉：续也（缉）。葺：修也（缉）。戢：～获（缉）。濈：～～其角（缉）。啐：叱也。（淬）：去声。（倅）：去声。

［十五］秩：禄～。《说文》䄍（质）。姪：子姪（质）。侄：同上，俗。蛰：惊蛰（缉）。埴：同上，又做瓦曰～。隲：坪也（缉）。蛰：插～，枝柯重叠也（缉）。窒：塞也（质）。帙：一帖一卷也（质）。絰：缝～（质）。柣：门槛。

［十六］室：家室（质）。瑟：琴～（质）。帅：帥，～正，又音散（质）。率：～尔。又絜带，又音律（质）。失：得～（质）。蟀：蟋～，乌灶鸡也（质）。膝：足膕头也（质）。虱：蝨，蚤～（质）。湿：濕，水～。《说文》溼，诗韵有溼无濕（缉）。鞑：刀匣（质）。瑟：玉光也（质）。

［十七］日：～月（质）。驲：驿传。～疾而驿缓，俗与驿混，非（质）。颸：大风（质）。衵：女人贴身衣（质）。实：實，虚～（质）。寔：是也，俗作实用，欠（职）。疾：疾病（质）。入：出～（缉）。拾：收～，又作十用（缉）。十：数目（缉）。什：十人（缉）。卄：音十，作二十用，俗作念音，非。嫉：恶也，嫉妒（质）。蒺：蒺藜（质）。袭：世～。又衣一～（缉）。集：～拢。《说文》雧（缉）。习：習，学～（缉）。褶：若袍短身广袖，又音牒（缉）。熠：光也（缉）。慴：～伏，惧也，音摄。

［十八］灰：入声。

［十九］惑：疑～（职）。熨：～斗。瓯人俗语若悦（物）。

［二十］灻：人溺水也。

［廿一］黻：黼～（物）。芾：同上，又音沸。芨：同上，又音拔。祓：～除，除灾求福（物）。勿：不也（物）。弗：同上（物）。拂：～拭，～意（物）。佛：彷～。髴：同上（物）。绂：同芾（物）。咈：吁～（物）。綍：纶～，作孛音，误（物）。绋：同上，又执～，葬者引柩之布（物）。坲：尘起（物）。艴：～然，不悦貌（物）。芾：～～，强盛（物）。靲：朱～，鞋也（物）。刜：击斫（物）。

－ 146 －

［廿二］佛：释之神（物）。伏：同上，便。物：万物（物）。（沕）：音密。
［廿三］捋：手~（曷）。

个韵

平声、上声俱无字

去声

［一］个。箇：同上（个）。個：个，同上，瓯腔是据看切，官腔若驾（个）。
［二］看：官腔似此母，瓯音在甘韵。
以下与归韵同。

入声

［一］概：~平【刮平】本去声，瓯音以入声（队）。
［二］搕：拉~【轻轻敲击，如搕烟袋】。以下与归韵同。

吉韵

平声

惟鸡字三十四五六七八九等都语若吉音平声［tɕiai］。

入声

［一］吉：~庆（质）。诘：询也（质）。急：紧~（缉）。亟：亟同上（职）。殛：诛也（职）。笈：书笼（叶）（缉）。汲：揭水（缉）。级：品~（缉）。伋：子思名（缉）。给：足也（缉）。铗：剑也（缉）。剧：剞~，刻也（物）。厥：突~之~，音吉；又音骨（物）。戛：~戛。秸：稻秆（黠）。嘎：~~声（黠）。激：~将（锡）。击：擎，毂打也（锡）。剐：剥面肉刑（黠）。劼：~毖，用力戒（黠）。急：性急（职）。棘：荆棘（职）。戟：吕布枪戟（陌）。跲：跌也（洽）。佶：正也（质）。
［二］吃：~饭（物）。乞：摸也（物）。讫：清也（物）。仡：勇也（物）。裿：妇人短衣（物）。泣：哭也（缉）。綌：绤~，夏布（陌）。袺：衣领（叶）。却：辞也（药）。却：同上，俗。卻：《说文》同上。蛣：~蜣，蝎也，又名

蟋蟀名。诎：曲也。君子～于知己，信于不知己（物）。渧：幽湿也。渧：羹汁也。

[三] 及：逮也（缉）。极：極，甚也（职）。屐：木～（陌）。剧：劇，甚也（陌）。倔：～强（物）。崛：～起（物）。掘：掎也（物）。姞：燕姞姓，即梦兰者（质）。醵：会饮，又音渠、据。

[四] 匿：藏也（职）。逆：顺屰（陌）。逆：迎也，同上。溺：入水不出，又尿也（锡）。怒：不快意（锡）。岌：～～，立貌（缉）。暱：狎～（质）。昵：同暱（质）。眣：鱼鸟聱～（质）。屹：～立，耸也（物）。尼：《孟子》止或～之，定止也，又音坭（药）。嶷：九～，山名，又音疑（职）。齾：牙齿渐凋，～小虫。鹢：水鸟（锡）。圂：物入帐中，曰～。

[五] 至 [十七] 与归韵入声同。

[十八] 翕：合也（缉）。吸：呼～（缉）。歙：～砚，又同吸（陌）（质）。欻：忽也，暴起（物）。肸：佛～，又～蠁，感通也（夭）（质）。阋：鬩，斗也（锡）。盡：痛也，民罔不～伤心（职）。凹：音泡，泡翕声通，又音坳。瞁：斜视（职）。赩：郝，赤色（职）。

[十九] 奕：～世，又奕棋（质）（陌）。易：变～（陌）。亦：～可，从～字，皆作夾（陌）。帟：帐也（陌）。腋：～肘下。瓯城曰臑胳下（陌）。掖：牵也（陌）。液：津～（陌）。译：譯，翻～（陌）。斁：厌也，又音妒（陌）。怿：怿悦（陌）。驿：塘报（陌）。绎：寻～（陌）。峄：～山（陌）。醳：醋也（陌）。泽：《礼》旧～之酒，又音宅。睪：伺视也，又～丸，阳物也。佚：失也（质）。翼：羽～（职）。弋：射也（职）。翌：～日，明日（职）。翊：辅～（职）。杙：短棒（职）。黓：皂也，又元黓，壬也（职）。檵：～文（锡）。觋：女巫也（锡）。逸：隐～（质）。佾：八～，佾生（质）。轶：过也（质）。泆：滛～（质）。场：田岸（陌）。射：无～（陌）。驲：音日，作驿误。

[二十] 益：受益（陌）。一：数目（质）。乙：太乙（质）。壹：同一（质）。鳦：紫～，燕也（质）。溢：满也（质）。镒：二十两（质）。邑：乡～（缉）。浥：湿也（缉）。揖：拜也（缉）。挹：取也（缉）。唈：呜～，短气（缉）。悒：忧～（缉）。鮿：盐渍鱼（缉）。伋：～～，直行耕貌（缉）。裛：香袭衣也（缉），又（叶）（洽）。抑：～下（职）。圠：块～，山曲（黠）。

[廿一] [廿二] [廿三]，此三母与归同韵，瓯腔有鼻音，吾模儿三字止一母，其余廿二母俱无音。

– 148 –

吾韵

平声

与戈韵通

[一]吾：我也（虞）。梧：～桐（虞）。吴：～越（虞）。娱：～乐（虞）。鼯：～鼠（虞）。鼯：龃～（虞）。蛾：～眉，又音蚁（麻）。娥：嫦～（歌）。莪：菁～（歌）。峨：高也（歌）。

上声

[一]五：数目（虞）。伍：五人为～（虞）。午：子～，～饭曰吃日昼（虞）。仵：仵作（虞）。旿：明也（虞）。我：予也（哿）。

去声

[一]悟：觉～（遇）。晤：～对（遇）。寤：害寐（遇）。忤：～逆（遇）。误：错～（遇）。悮：同上（遇）。

模韵

平声

模：～范（虞）。磨：琢～（歌）。

上声

母：父～（有）。

去声

磨：～麦（个）。

入声

木：树木（屋）。目：眼目（屋）。沐：～浴（屋）。楘：（屋）。

儿韵

平声

儿：～子，瓯人谓小儿曰细～（支）（齐）。疑：～心（支）。仪：儀，威～（支）。
宜：便～（支）。嶷：九～，又音逆（支）。

上声

拟：～议（纸）。蚁：虫～。儗：僭也，又同拟，又去声（纸）。蛾：～子，
见《礼乐记》，～子时述之文，又音羲。螘：同蚁。

去声

义：義，仁～（寘）。议：～论（寘）。谊：正～（寘）。二：数目（寘）。
弍：同上。贰：同上（寘）。儗：佁～，固滞貌（寘）。

跋

　　此为前辈文波先生所著书也，今其孙松崖世讲慨然付之石印，于是此书遂公之于世矣。总计字母凡二十有三，以五音统之。每韵各表以字母，在同一音韵之下，多或数十，少至于一二字，无不连类收入，并诠释其意义，学者标举一韵，便能解识数十字，何其备也。而所定之音均本之溪上腔款，惯习俾之容易领会。其饷惠后起之秀，又何其溥也。前辈在吾溪最称老宿，其学务为实用，广罗书籍，并喜交结当世名公巨儒，以资进益，博闻强记，学问胆识材力，近人中未见其匹也。庆冶自束发受书，即耳前辈名，独以溪居较远，不能一瞻道范，是可惜也。今手是篇，犹能领略其用意之所在，他日风行海内，音韵明而天下无难识之字，字义明而古今无难读之书。世乱变极，经籍之道，将坠于地。然则师儒之业，所以维持国粹者，岂浅鲜哉！

乡后学刘庆冶拜撰

注：刘庆冶，疑是刘庆治之误。

再版编后记

盛金标

《因音求字》沿用《洪武正韵》、《韵法直图》（包括横图）一系韵书和韵图的传统，大胆删减合并声韵类别以符合当时永嘉方言的实际读音，在体例上直接参考了《韵法直图》。作者在《例言》中提到"梅膺祚正韵直图"，还说"直图之东通同农"就是"横图之端透定泥"，应该是指《洪武正韵》和梅膺祚《字汇》后附的《直图》这两部书。谢思泽多处提到《韵府》，应该是指当时流行的《佩文韵府》。另外还多处标注"诗韵"或"韵"收录该字的情况，以及"字典"收字的情况。"字典"应该是指《康熙字典》。"诗韵止收"或"韵止收"具体指哪一部韵书还需要进一步考证，有可能是指《佩文韵府》，也有可能是指《洪武正韵》，甚至当时流行的《平水韵》。本书的每个字注释后面"有圈之字"（括号里的字）是每个字所属的韵类，如（东）是指东韵，如（冬）是冬韵，可以肯定不依据《广韵》或其他更早的韵书。

《韵法直图》改变了传统韵图横排声母，直列声调、韵目、等第的格式，将声母直列，声调横排。声母删除了三十六字母中的"知组"，成为三十二类。同时根据实际语音将韵母缩减到四十四个，列四十四图。《因音求字》则在此基础上更进一步"删其音之重复者"，只留下二十三母，三十六韵。根据"空谷传声"把韵母分成六类的做法也仿照该书。

谢思泽不仅简化了传统韵书和韵图音韵系统，而且在收字方面也做了大胆的创新，该书以永嘉方言读音为标准，还收录官话、瓯城读音、乡都异读，甚至还涉及邻近的瑞安和乐清等地的不同读音，目的是便于"小儿女记账"时查字。

谢思泽的《因音求字》、孟国美（P.H.S. Montgomery）的《温州方言入门》（Introduction to the Wênchow Dialect）等早期温州方言著作逐渐引起学术界的重视。李雯雯（2019）对《因音求字》的音系做了开创性的研究，她根据温州各地方言和《罗马字土白经》构拟了清末永嘉方言的声韵系统。

声母

《因音求字》的"二十三母"没有统一的名称，只用一到廿三编号，谢思泽在《例言》中指出，一二三四即见溪群疑，而五六七八即端透定泥，这沿用了《韵法直图》用三十二个数字代表声母的方法和排列顺序。《韵法直图》声母比三十六字母少了知组，谢思泽根据"三十二音切字之诀"，进一步删除了照组、喻母和日母，非组合并成两母（这里权且认为是非、微），这样简化的二十三母包括：见溪群疑，端透定泥，帮滂并明，精清从心邪，晓匣影，非微来。这些声母分别对应于一到廿三编号，比如公韵平声：一公、二空、三頍、四峨，五东、六通、七同、八农，九餘、十胮、十一蓬、十二蒙，十三宗、十四聪、十五从、十六松、十七崇，十八烘、十九红、二十翁，廿一风、廿二缝、廿三笼。

所谓的"三十二音切字之诀"也来自《韵法直图》，就是把三十二个声母分配到左手四个手指，每个手指四个，这样重复一次，总共三十二个，四个声调分配到右手两个手指，每个手指两个。查找一个韵的读音，就这样数一次，虽然《因音求字》声母代表字被删减到二十三个，仍然可以使用这种"切字"口诀，比如"八农"，从第一"见"母开始数，到第八"泥"母就停下来，泥 [ŋ] 母公 [uŋ] 韵反切得到这个字的读音 [nɔn]。

永嘉话其实总共有二十九个声母，因为见组和晓匣等声母跟不同的韵母搭配有不同的读音，所以加上这六个腭化音 [tɕ, tɕ', dʑ, ȵ, ɕ, ʑ]。

今永嘉方言菊韵见组和精组读音完全相同，在《因音求字》却分成两类，可见当时有尖团音之分。这种区分也发生在均韵、惊韵、金韵。菊韵在今永嘉音里尖团合流，但是惊韵尖团音不是合流，而是尖音 [tsiŋ] 取代了团音 [tɕiŋ]，团音变作金韵 [tɕian]。这可能是一种推拉链的演变过程。不过有一点比较让人怀疑的是，谢思泽的家乡话不一定分尖团，他记录了其他地方的读音，惊韵的一二三四，每母只有一个字，注明反切读音，没有跟他字一样释义组词，这些字也出现在金韵，没有特别反切注音，但是有字义解释组词。可见，最有可能的情况是谢思泽记录了跟他自己口音不同的尖音读法方便读者查找。

《因音求字》里鼻边音松紧不分，紧音指明"无所属"："公韵官腔弄饭之弄、巾 [金丁切] 韵丁铃 [镂青切] 之铃、金韵囵圆之囵、鸠韵雕镂之镂、闇 [鸠丢切] 韵五六工尺之六、哥韵囉囉声之囉、戈韵官腔摹著之摹、官韵鑻脚筋之鑻、高韵眼眊僗之眊、鸡韵眼冒僗之冒、又瓯腔箇裡之裡、骄韵官腔猫儿之猫、土腔了滞之了、兼韵研究之研、归韵姆儿之姆"，也就是 m、n、ŋ、ȵ、l 这几个鼻音形式，如果再加上五个紧喉鼻音，那么永嘉话就有 34 个声母：

ʔm 摹、眊、冒、猫、姆；ʔn 弄；ʔŋ 儿【作者没有提到这个】；ʔȵ 研；ʔl 铃、囵、镂、六、囉、鑻、裡、了。

《因音求字》的二十三母，根据发音部位和发音方法归类，分六组（李雯雯，2019）并做了读音构拟如下。

1. 第一组声母【帮滂并明】[p,p',b,m]：九、十、十一、十二；

2. 第二组声母【非微】[f,v]：廿一、廿二；

3. 第三组声母【端透定泥来】[t,t',d,n,l]：五、六、七、八、廿三；

4. 第四组声母【精清从心邪】[ts,ts',dz,s,z;tɕ,tɕ',dʑ,ɕ,ʑ]：十三、十四、十五、十六、十七；

5. 第五组声母【见溪群疑晓匣】[k,k',g',ŋ,x,ɣ;tɕ,tɕ',dʑ,ɲ,ɕ,ʑ]：一、二、三、四、十八、十九；

6. 第六组声母【影】[ʔ]：二十。

晓匣也有记作 [h，ɦ]，属于声门擦音，编者认为与永嘉话的实际发音更加接近 [h，ɦ]，而 [x，ɣ] 属于软腭擦音，其发音部位跟见组相同，比 [h，ɦ] 稍微靠前一点。

韵母

《因音求字·例言》说"三十七韵"，实际上三十六个韵，可能是谢思泽一时疏忽，多数了一个。因为"根"韵在文中被称作"甘"韵，比如官韵"五至十二同甘韵"。这些韵根据"空谷传声"分成了宫商角徵羽五类，加上"吾模儿"这几个"闭口呼"韵母总共六大类。

一、所谓"空谷传声"是指"韵"相同或者整个韵母读音相近。韵是指主元音和韵尾构成的部分，不包括介音，所以公和钩、高和骄听起来就像空谷回音一样相同。给韵母分配五音似乎并没有什么意义，类似于命理学给天干地支分配阴阳五行。除了宫类的公钩、商类的庚觥和姜、角类的哥羹、徵类的赀鸡和羽类的居这几个，其他韵的分配都让人感到摸不着头脑。

《韵法直图》结合唇舌齿牙喉"五音"和宫商角徵羽"五音"，并且给后者每音再分一个层次，如宫之宫、宫之商、宫之角、宫之徵和宫之羽，这些可以帮助理解《因音求字》中声母分类的方法。比如"公"的声母属喉音，韵母读音同宫，就是所谓的"喉音属宫之宫"，而"阄"的韵母虽然属于角，但是声母属于喉音，这样"阄"字"喉音属角之宫"，也归于宫类声母。

原稿对"空谷传声"有比较详细的解释，然而谢国猷编辑校对时删除了，认为"空谷传声"已"无关世用"。估计他也觉得很难理解"空谷传声"五音归类的依据和用途。

二、闭口呼作为独立的一类，跟开齐合撮相对，发音时双唇紧闭，"声从鼻出者"，这一呼是非常明确的。然而《因音求字》并没有明确说明开、齐、合、撮"四呼"，而是从韵的排列体现出来，比如商音八韵：庚 [ɛ]– 舭 [uɛ]– 姜 [iɛ]、皆 [a]– 关 [ua]– 迦 [ia]、光 [ɔ]– 恭 [yɔ]，角音八韵根据角 [o]– 辈 [yo]、戈 [u]– 菊 [iu]、根 [ø]– 官 [yø]、高 [ə]– 骄 [iə] 配对整齐排列。需要指出的是，商音八韵的顺序安排上，迦韵在关韵前面，似乎跟舭前和姜后的顺序不一致。

六类声母和构拟读音如下表：

宫：公 [oŋ] 钧 [ioŋ] 惊 [iŋ] 金 [iaŋ] 跟 [aŋ] 昆 [uaŋ] 鸠 [iau/au] 勾 [au] 阄 [iu]

商：庚 [ɛ] 舭 [uɛ] 姜 [iɛ] 皆 [a] 关 [ua] 迦 [ia] 光 [ɔ] 恭 [yɔ]

角：哥 [o] 辈 [yo] 戈 [u] 菊 [iu] 根（甘）[ø] 官 [yø] 高 [ə] 骄 [iə]

徵：赀 [ɿ] 鸡 [i] 兼 [ie] 该 [e]

羽：居 [y] 归 [ai/uai] 个 [ai] 吉 [iai]

其他：吾 [ŋ] 模 [m] 儿 [n]

单元音韵母

《因音求字》十一个单元音，分别为皆、庚、该、鸡、居、甘（根）、高、哥、光、戈、赀等字命名。其中李雯雯构拟的高韵是一个圆唇音 [œ]，温州 [ɜ]、瑞安 [æ] 等地都是一个非圆唇音，永嘉一般记作央元音 [ə]，比温州舌位稍微低一点。这些单元音的舌位图如下：

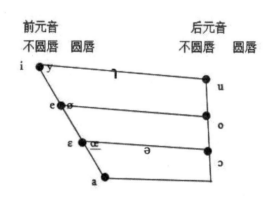

复元音韵母

复元音韵母共十六个。其中，羽音四韵的"个韵"是一个非常特别的韵，这个韵只有去、入两个声调，总共只有六个字，个、簡、個是异体字，"看"字是官腔，"概、撘"是永嘉话固有动词，那么实际上总共只有三个字。"概"是古代一种量谷物时刮平斗斛的器具，用这种器具刮平永嘉话叫作"概平"，引申为指所有刮平的动作。不是很确定"拉撘"是什么意思，但"撘"的意思有"轻轻敲击", 如"搕烟筒", 轻轻地敲烟筒把烟灰敲掉。这两个字可以读作 [ai], 也有老派说 [e]。同样地, "个"用作量词, 也有用作指代词, 表示这个, 比如"个物事【这个东西】", "个底【这里】", 不同的地方和不同年龄也有两种读音 [ai][e]。除以上几个字, 其他都跟归韵同。因此不是很清楚谢思泽特意另立"个韵"的用意。李雯雯认为是开合口的区别, 归韵合口, 而个韵开口, 现在的归韵丢失了合口介音与个韵同。这样看来, 个韵的几个字也许是音变的残留。然而, 归韵的合口可能只出现在见组舌根音声母后, 而且比较微弱, 苏慧廉温州罗马字 [w] 介音跟声母放在一起, 是滑音性质的弱介音, 而不是作为韵母的介音 [u]。另外也很难理解永嘉话端组 [t]、帮组 [p]、精组 [ts] 以及边音 [l] 后面的 [uai] 韵母, 现在温州各地都没有这种声韵组合。

吉韵构拟读音 [*iai], 该韵出现在软腭音和零声母后, 而其他声母归入了"归 [ai] 韵"。平声只有一个字"鸡"(见下文"乡都异读")。另外一个比较有趣的记录是"吃"和"喫": 吉韵入声 [二] 吃: ~ 饭 (物)。同时谢思泽也记录了"鸡韵入声 [二] 喫: ~ 饭"。并注明"永人谓食曰 ~ (锡)"。这两个字来源于不同的古韵母, 在永嘉不同乡都有不同的说法。"口吃"读作"喫", 是一种普通话转译的文读音, 永嘉话固有词是"大舌"或"大口舌"。这也说明了《因音求字》记录的不纯粹是一地读音。吉韵有些字也已经发生音变, 如"一"单念 [iai], "一个"说 [i], 可能属于叠韵脱落现象。"易"字也有两读, "交易、贸易 [iai]"和"容易 [i]", 后者可能是文读音。

李雯雯的永嘉方言记音和构拟, "菊 [iu]"和"阄 [ieu]"不同, 这种区别不太好理解, 现在的永嘉话没有这样的区别, 《罗马字温州土白经》的记音也没有区别。这两韵应该是互补关系, 阄韵入声只有帮组字, 而菊韵的"五至十二與谷韵同", 这里的"谷韵"应该是指戈韻入声里面的毂韵 [u]。有意思的是阄韵入声发生分化演变, 大多数地方都已经变做 [i], 一些极常用的字如"笔、蜜、笠、栗"在某些地方仍然保持 [iu] 的读音。

觥韵声母很少, 只有 [k,k',g,h,v] 和零声母, 谢思泽注明其他声母都"与庚韵同"。在《因音求字》时代, 觥韵可能是合口韵 [*uɛ], 但是现在永嘉话要么读 [ɔŋ], 要么读如庚 [ɛ]。零声母只有一个字"奣", 这是一个会意字, "~ 亮"意思是"天亮", 这个字的读音其实类似于紧喉唇齿音 [ʔv], 而不是读作 [uɛ]。

迦韵谢思泽反切读音"鸡三切", 同时他注明入声的"五、六、七、八、九、十、十一、十二"八母与格韵同, 可见构拟作 [ia] 是没有问题的。然而, 他又在平声 [四] 尧下注明"敝地在骄韵四母 [ȵiə31]"。在《例言》指出"超萧"等字"敝

- 157 -

地"在骄 [iə] 韵", 跟四十七八都不同, 并且"双收之"（见"乡都异读"）。

关韵 [*ua]《因音求字》只跟牙喉音组合, 而跟五至十七、廿一、廿二、廿三等组合时和皆韵同。

声调

永嘉方言有所谓"四声八调", 平上去入分阴阳, 单字调阳平似去是一个降调, 阳去似平是一个平调。但《因音求字》只记录平上去入四种声调。然而, 这并不表示当时不分阴阳, 谢思泽明确指出有些鼻边音字在廿三母以外, "无所属"。

谢思泽用直音法给一个字注音, 但是有时候找不到同音字, 他采用声韵相同但平仄不同的字代替: "每字之中如平声无、仄声有者, 以仄声之字代之, 下註仄声二小字。如仄声无、平声有者, 亦如之。如平仄俱无者, 或注反切在下。"

另外, 他还记录了很多误读、俗读声调, 他说"俗腔平上去入读误者, 随笔注出。"比如: "裰: 本平声, 瓯人谓短衫曰布衫头, 又曰～身, 作上声语。（穤）: 削草, 本平声, 俗作去声非。"

声韵配合

《因音求字》虽然以永嘉方言音系为标准, 但是该书记录的不是一个地方或一种口音的纯粹音系, 不单纯记录作者母语口音, 而是综合了永嘉各地读音。比如光韵入声从一到八母, 四十七、八、九、五十一各都读作 [kɔ323], 但是永嘉其他地方, 包括谢思泽所在的五十都蓬溪读作皆韵 [ka323]。

所以, 在声韵调配合关系上, 在某一地口音中这些本来属于"有音无字", 或只有连读变调情况下才出现这种搭配关系。比如"[五]搭: 音当入声"。谢思泽用"当"给"搭"字注音, 因为"当"是平声字, 所以他注明"入声"。"当"只有在二字连读时, 在去声前读如入声, 比如"当大", 意思是第一个孩子, 大儿子是"当大儿", 大女儿"当大囡"。单读和三字连读的时候平声。

还比如, 戈韵平声 [五] 多: 瓯城内作此音, 敝地在哥韵（歌）。这母只有这个字, "敝地"是作者故乡蓬溪, 作者指出 [tu55] 这个音只出现在温州城区, "多"在作者故乡读 [to55](根据附近地区端母 [t] 应该是缩气声母 [d])。由此可以看出来, 如果单纯依据作者的口音, 这个位置应该是"有音无字"的空位。

同样戈韵上声、去声的十三～十七母, 谢思泽分别 指出"此五母瓯城似此音", 在音系中"有音无字"的空当上记录了温州城区音, 以方便查字。

官腔与土腔

《因音求字》还收录大量官音, 谢思泽说: "官腔有诸字同音而土腔有各字各音者, 如公宫弓恭四字, 官音皆读沽红切, 土腔读公字同, 读宫弓二字为居穷切，读恭字为居双切。又有土腔同音而官腔不同者，如光交刚江等字，土腔皆读为光音而官腔读光如关，读纲如皆，读交如骄，读江如姜。"本书收录的官音读法，跟现在通行的北京音为标准音的普通话并不完全相同。比如迦韵平声[十八]下注明"官音平声"，而[十九]"鞋"字，注明"官音"，"下、鞋"普通话韵母并不相同，下 xia[ɕia] 读去声而不是平声，鞋读 xie[ɕie]，两者似乎差别挺大，却收录在一个韵里。大多数情况下，谢思泽只注明"官音若某字"或者"官音读若某字"。

土腔区别永人、瓯人、瓯城、敝处、四十七八等乡都异读，俗音（俗作）和便。有时谢思泽记录俗读音，并指出读音错误，如（笷）：音虫，俗作宗，音误。

比较有意思的是"便"写字，这一类很特别的异体字就是现在使用的"简化字"，让人觉得《因音求字》里似乎同时存在"繁体"和"简体"两种字型，最明显的是"声"和"聲"，用作声类标题时用繁体"聲"，每个字下注明又读声调用"声"字。还比如，"气"是"氣"的古字，"气"象形天上云气形，而"氣"的造字本义为发放或领取粮食，从米，气声。后假借"氣"代表"气"的字义，"气"弃之不用，又加"食"旁再造一"餼"字。汉字简化时重新启用"气"字。"气"和"氣"同时出现在"鸡"韵去声第二母"氣：血气（未）。"

另外一个例子是"禮"和"礼"，钧韵平声[十三]僎字下，用（礼）注明"僎爵"是一种礼器。"礼"字其实是更加古老的字形，比如《说文》𠃞：古文礼。另外还有礼、祂，这些字形。《因音求字》中《礼》《周礼》《礼》作为书名混用，分不出区别。作为祭祀仪式，似乎也是随机的，如"赗：祭礼"。"赗：祭礼"。但是作为单独的词条，只有"礼"，没有"礼"，甚至也没有指明"礼"是便写或者古文。

本书除了收录韵书和字典里已有的汉字，还收录"字典无"的读音，如果有"俗"字则收录俗字，有音无字则"以〇代之"，并加以注音和释义，这个符号〇在古代韵图里往往代表无音无字。

乡都异读

《因音求字》多处提到"某某等都"，如"四十七八等都在迦 [iɛ] 韵"。又如"城中馀、雨 [y] 二字读与敝地同一，至湖乡与三十三四五六七八等都读馀 [y] 为胡 [u]、读雨 [y] 为祸 [u]。读鸡 [i] 为急 [iai]（平声），读举 [ky] 为嘴 [tɕy]。"

《永嘉县志·乡都》详细记载乡都建制。"永邑境内分十三乡，自华盖至仙居析为都者五十有二。"乡统都，都统里，乡相当于现在的区，都相当于镇，里相当于村。

《因音求字》多处提到"湖乡"。在《县志》中也写作"河乡"，区分"上河乡"

和"下河乡"，上河乡大致在三溪、潘桥一带平原湖网区，下河乡在梧田、状元一带，大概以吹台山为界，吹台乡的十四、十五都部分属上河乡，部分属下河乡。

《因音求字》记录永嘉各地读音的方法，瓯江南部指明湖乡和瓯城、郡城或城中，瓯江以北指明某都。

《因音求字·例言》中说："超萧等字敝地在骄 [iə] 韵，四十七八等都在迦 [ia] 韵者双收之。"这里提到的四十七、八都属仙居乡，仙居乡在永嘉县北部，"以山多仙迹故名"，"统都六"。四十七都包括枫林、孤山一带，四十八都包括岩头、芙蓉一带，四十九都包括五㶏（也写作尺）、霞美一带，五十都包括蓬溪、鹤盛，五十一都包括苍坡、垟头，五十二都包括岩坦、溪口（古称菇田，戴侗故乡）一带。

在吉韵下，谢思泽说："惟鸡字三十四、五、六、七、八、九等都语若吉音平声 [tɕiai]。"楠（旧县志写作"枏"）溪下游、温州城以北古属于贤宰乡。三十四都包括罗浮、黄田；三十五都包括江头、罗溪、东岸；三十六都乌牛；三十七都于明朝初期废迁；三十八都包括下塘、中塘；三十九都包括上塘、绿障。楠溪江下游从北面的上塘镇、东面的乌牛镇到西面的罗浮镇构成的三角地区，"鸡"读吉音平声 [tɕiai]。沿瓯江往西，桥下镇和对岸的藤桥镇读 [tsʅ]，然后西面的桥头镇又读 [tɕiai]，这个读音分布《因音求字》里面并没有提到。这种不连续的分布反映了语言扩散和人口迁徙一个有趣的现象，很明显跟楠溪江和瓯江下游的地形特征也有关。

皆 [a] 韵入声 [一] 母，谢思泽注明"五十一、四十七都自甲胛 [ka323] 以下读如光 [kɔ55] 韵入声 [kɔ323]。"五十一都在苍坡一带，四十七都在枫林、孤山一带。这个记录是很准确的，比如用筷子夹住叫"夹 [kɔ323] 牢"。在皆韵入声第 [五] 母"塔"下又注明："四十七八九等都读夹如讲入声，十三母至廿三母读责为庄入声。"这里不仅仅指"夹""责"这两个字，而是这一类字。比如，"插田"在枫林（四十七都）、岩头（四十八都）、五㶏（四十九都）等地读 [ts'ɔ323]，而不同于作者故乡蓬溪的读音 [ts'a323]。还比如杀 [sɔ323] 人、喝 [hɔ323] 水、狭 [hɔ323]、喇喇 [lɔ323] 响，等等。

关于迦韵和骄韵，谢思泽在《例言》里提到超、锹、潮、箫等字在各地的不同读音。在"迦韵平声第 [四] 尧"下也注明"四十七八九至五十一等都读在此韵 [ȵia31]，敝地在骄韵四母 [ȵiə31]。""敝地"是指谢思泽故乡蓬溪，属五十都，现在迦韵 [ia] 的"着、嚼"等字还读迦韵，吹箫的"箫"、超出的"超"等字，同属五十都的鹤盛读作 [ia] 或 [iə] 都可以接受，但 [iə] 似乎更加普遍。"锹"字

不能读 [ia]，只能读 [iə]，如果说饭锹 [va31 tɕ'ia55] 会让人觉得奇怪。迦韵平、上、去三声每母都只有一两个字，入声非常整齐；相反地，骄韵入声无字。迦韵和骄韵似乎呈现互补关系，这种现象是非常有趣的，长期的语音演变，迦韵字平、上、去三声的读音从 [ia] 变成骄韵 [iə]，只剩下几个残留。这似乎反映了语音演变的条件音变和词汇扩散过程：平上去三声发生变化，入声却能完整保留；而同样的声韵调条件下，不同的地方一些字在发生了改变，另一些字可以两读，有些地方保留原来的读音。

谢思泽还直接使用地名指出各地读音的差异，如："永、瑞读瑞为树，乐、平读瑞为萃，永、乐读心为新，瑞安读心为声，永嘉读云为庸，乐、瑞读云为形，读君为金，或乐、瑞近官腔而永嘉俗，或永嘉近官腔而乐、瑞俗者尤伙。"这里永嘉、瑞安、乐清、太平并称，而不提温州，因为历来永嘉郡包括温州，在《因音求字》中，现在的温州老城区被称作瓯城或郡城，北部叫"隔江"，也就是"永嘉场"，南部"湖乡"分上湖乡和下湖乡。

结论

《因音求字》虽然以永嘉方言音系为标准，但是收字大部分来自古代韵书和字典的读书音，有音无字用□代替，粗略统计有 211 个"有音无字"。收录的方言词用"曰"字或"俗腔"注明，大概有 250 个词条。可见本书收录的方言字词仍然属于少数。

虽然同一时期的苏慧廉、孟国美使用拼音方案记录温州方言，很明显谢思泽没有来得及看到。在编辑整理本书时，笔者使用比较通用的国际音标，而不是苏慧廉的拼音罗马字，同时思忖着用苏慧廉的拼音代替有音无字符号□将会如何？如果能花更多的时间和精力给每个字注音，扩充过于简单的释义，收集更多的方言词，将会是一件有趣也可能很有意义的事情。（2022 年 11 月于英国法尔茅斯）

参考书目：

1.谢思泽《因音求字》，见《温州方言文献集成》（第一辑）收录二卷本和四卷本，2013 年，浙江人民出版社影印再版。

2.《罗马字温州土白经》。

3.李雯雯《因音求字》音系研究，2019 年，温州大学硕士论文。

4.《永嘉县志·乡都》。

5. 孟国美（P.H.S. Montgomery）《温州方言入门》（Introduction to the Wênchow Dialect）。

6.《韵法直图》，见梅膺祚《字汇》。

图书在版编目（CIP）数据

因音求字 /（清）谢思泽著；中共永嘉县委党史研究室编 .
-- 北京：中国文史出版社，2023.9.
　　-- ISBN 978-7-5205-4735-2

Ⅰ . H173

中国国家版本馆 CIP 数据核字第 2024Z27V96 号

责任编辑：戴小璇　詹红旗

出版发行：中国文史出版社

社　　址：	北京市海淀区西八里庄 69 号院
邮　　编：	100142
印　　装：	温州市北大方印务有限公司
经　　销：	全国新华书店
开　　本：	780mm×1092mm 1/16
印　　张：	11
字　　数：	121 千字
版　　次：	2024 年 9 月北京第 1 版
印　　次：	2024 年 9 月第 1 次印刷
定　　价：	45.00 元